Reflexões conjunturais

ENRIQUE RICARDO
LEWANDOWSKI

Reflexões conjunturais

BELO HORIZONTE

FÓRUM
DAS LETRAS

2022

© 2022 Editora Fórum Ltda.

É proibida a reprodução total ou parcial desta obra, por qualquer meio eletrônico, inclusive por processos xerográficos, sem autorização expressa do Editor.

Luís Cláudio Rodrigues Ferreira
Presidente e Editor

Coordenação editorial:
Leonardo Eustáquio Siqueira Araújo
Aline Sobreira de Oliveira

Rua Paulo Ribeiro Bastos, 211 – Jardim Atlântico
CEP 31710-430 – Belo Horizonte – Minas Gerais
Tel.: (31) 99412.0131
www.editoraforum.com.br
editoraforum@editoraforum.com.br

Técnica. Empenho. Zelo. Esses foram alguns dos cuidados aplicados na edição desta obra. No entanto, podem ocorrer erros de impressão, digitação ou mesmo restar alguma dúvida conceitual. Caso se constate algo assim, solicitamos a gentileza de nos comunicar através do e-mail editorial@editoraforum.com.br para que possamos esclarecer, no que couber. A sua contribuição é muito importante para mantermos a excelência editorial. A Editora Fórum agradece a sua contribuição.

Dados Internacionais de Catalogação na Publicação (CIP) de acordo com ISBD

L669r	Lewandowski, Enrique Ricardo
	Reflexões conjunturais / Enrique Ricardo Lewandowski. - Belo Horizonte : Fórum das Letras, 2022.
	134 p. ; 24,5cm x 23,5cm
	ISBN: 978-65-5518-483-9
	Ciência Política. 2. Direito Constitucional. 3. Direito Administrativo. 4. Direito Eleitoral.
	CDD 341.28
2022-2035	CDU 342.8

Elaborado por Odílio Hilario Moreira Junior - CRB-8/9949

Informação bibliográfica deste livro, conforme a NBR 6023:2018 da Associação Brasileira de Normas Técnicas (ABNT):

LEWANDOWSKI, Enrique Ricardo. Reflexões conjunturais: 2015 - 2022. Belo Horizonte: Fórum das Letras, 2022. 134 p. ISBN 978-65-5518-483-9.

SUMÁRIO

Por um sistema carcerário eficiente 13

Judicatura e dever de recato 15

Audiência de custódia e direito de defesa 17

Listas partidárias 19

Estado mínimo, pós-modernidade e desglobalização 23

Intervenção federal como necessidade 29

Por um novo pacto federativo 31

Reproclamar a República 35

Fora da Constituição não há salvação 41

Parlamentarismo exige partidos autênticos 43

Democracia participativa já 45

Significado de devido processo legal 47

Moral, moralismo e direito 51

Reflexões sobre a intolerância 53

Proibição do retrocesso 55

Presunção de inocência 57

Direito como tópica 61

Freios e contrapesos 63

Soberania nacional e ativos estratégicos 65

Crise econômica e autoritarismo 67

Pureza Fatal 71

Democracia na atualidade 73

Limites às reformas 75

Autonomização das corporações 77

Prisão automática 83

Justiça Eleitoral *versus fake news* 85

Domínio do fato 87

Em defesa do Estado Democrático de Direito 89

A Terceira Lei de Newton 93

Covid-19 e Federalismo 95

A serviço de Sua Majestade 97

A garantia da lei e da ordem em crises de maior envergadura 99

Envelhecer em tempos de pandemia 105

Cultura punitivista 107

Medidas de emergência e tentações autoritárias 109

Abertura "lenta, gradual e segura": do AI-5 à Lei de Segurança Nacional 111

Comando e polícias militares 115

Semipresidencialismo como reprise histórica 117

Intervenção armada é crime inafiançável e imprescritível 119

A espada de Dâmocles do *impeachment* 121

Geopolítica constitucional 125

Soberania em um mundo digital 127

Considerações sobre a guerra na Ucrânia 129

Sobre lobos, cordeiros e urnas 131

Independência ou morte 133

Reflexões conjunturais

Por um sistema carcerário eficiente

Publicado na *Folha de S. Paulo* em 10.5.2015.

Há quem defenda que o estágio de civilização de uma nação pode ser medido pela qualidade de suas prisões. A deterioração dos ambientes carcerários e o mínimo investimento em ações sociais para os que ali se encontram reforçam a incitação à criminalidade desses espaços, em que direitos são considerados artigos de luxo e regalias.

A expectativa de transformação das pessoas recolhidas aos presídios do país é certa. Contudo, para pior, o que, seguramente, se dará em detrimento de todos nós.

A sociedade é a principal vítima dessa desordem institucional que domina as carceragens do Brasil, locais onde se cultua a multiplicação das violações, das ilegalidades e dos abusos. Ninguém se dá conta de que o Estado perde a legitimidade do direito de punir ao patrocinar essas atrocidades. Admitir-se que a superpopulação dos presídios é algo tolerável também não é cômodo.

Aliás, pouco se pensa no custo do preso para o Estado. Levantamentos indicam que os quase 580 mil presos que ocupam os presídios, ao custo médio mensal de R$2.500 por preso, consomem todos os meses mais de R$1,4 bilhão. É um gasto excessivo que pouco colabora para recuperar essas pessoas.

Outra questão precisa de resposta: quem estamos prendendo? As estatísticas desnudam algo estarrecedor: aproximadamente 42% do contingente de presos que temos não são de condenados definitivos. Estudos do Ipea sinalizam que 37% desses presos provisórios acabam absolvidos ou recebendo outro tipo de pena, que não a de prisão. Assim, prendemos mal e antecipamos a punição como prática corriqueira de Justiça. E, pior que isso, fazemos ao sabor de um instrumento que sempre foi tido como exceção. Desde a abertura democrática do país, aliás, nunca se prendeu tanto.

Não há mais como suportar esse modelo de administração de Justiça e de tolerância com condições infra-humanas de acautelamento prisional, sem qualquer comprometimento com a tão esperada ressocialização dos que experimentam o cárcere e sua aspereza.

O Conselho Nacional de Justiça (CNJ) está em sintonia com essa realidade. Tem buscado, desde o primeiro dia de minha presidência, rediscuti-la com propostas de resultados, disseminando novas formas de funcionamento da Justiça criminal.

As audiências de custódia estão para demonstrar que o contato do juiz com aqueles que são autuados em flagrante faz a diferença na maneira de prender e manter presa uma pessoa provisoriamente.

Números da experiência modelo do projeto que nasceu no CNJ mostram, até agora, que aproximadamente 45% de prisões virtualmente desnecessárias foram evitadas.

O fomento e o incentivo à utilização de medidas cautelares alternativas, tornozeleiras eletrônicas e formas de mediação confirmam que é possível manter em liberdade pessoas que não representam perigo à sociedade, sem comprometer o ideário da segurança ou agravar o sentimento de impunidade.

O projeto Cidadania nos Presídios, lançado na semana passada em Brasília, é mais ambicioso. A partir do cultivo de um diálogo entre atores que interagem na execução da pena e na administração das prisões, pensa-se em um conceito de Justiça penal mais humana, valorizando a dimensão da pessoa submetida à presença do juiz.

Não haverá paz social para ninguém se não fizermos da dignidade e do respeito a todos, fora ou dentro de presídios, uma forma de atuação valorizada institucionalmente. É hora de avançarmos nesse plano.

Judicatura e dever de recato

Publicado na *Folha de S. Paulo* em 13.9.2015.

É antigo nos meios forenses o adágio segundo o qual juiz só fala nos autos. A circunspecção e discrição sempre foram consideradas qualidades intrínsecas dos bons magistrados, ao passo que a loquacidade e o exibicionismo eram – e continuam sendo – vistos com desconfiança, quando não objeto de franca repulsa por parte de colegas, advogados, membros do Ministério Público e jurisdicionados.

A verbosidade de integrantes do Poder Judiciário, fora dos lindes processuais, de há muito é tida como comportamento incompatível com a autocontenção e austeridade que a função exige.

O recato, a moderação e mesmo a modéstia são virtudes que a sociedade espera dessa categoria especial de servidores públicos aos quais atribuiu o grave múnus de decidir sobre a vida, a liberdade, o patrimônio e a reputação das pessoas, conferindo-lhes as prerrogativas constitucionais da vitaliciedade, inamovibilidade e irredutibilidade de vencimentos para que possam exercê-lo com total independência.

O Código de Ética da Magistratura, consubstanciado na Resolução nº 60, de 2008, do Conselho Nacional de Justiça, consigna, logo em seu art. 1º, que os juízes devem portar-se com imparcialidade, cortesia, diligência, integridade, dignidade, honra, prudência e decoro.

A incontinência verbal pode configurar desde uma simples falta disciplinar até um ilícito criminal, apenada, em casos extremos, com a perda do cargo, sem prejuízo de outras sanções cabíveis.

A Lei Complementar nº 35, de 1979, estabelece, no art. 36, III, que não é lícito aos juízes manifestar, por qualquer meio de comunicação, opinião sobre processo pendente de julgamento, seu ou de outrem, ou juízo depreciativo sobre despachos, votos ou sentenças de órgãos judiciais, ressalvada a crítica nos autos ou em obras técnicas ou no exercício do magistério.

O prejulgamento de uma causa ou a manifestação extemporânea de inclinação subjetiva acerca de decisão futura, nos termos do art. 135, V, do Código de Processo Civil, caracterizam a suspeição ou parcialidade do magistrado, que permitem afastá-lo da causa por demonstrar interesse no julgamento em favor de alguma das partes.

Por mais poder que detenham, os juízes não constituem agentes políticos, porquanto carecem do sopro legitimador do sufrágio popular. E, embora não sejam meros aplicadores mecânicos da lei, dada a ampla discricionariedade que possuem para interpretá-la, não lhes é dado inovar no ordenamento jurídico.

Tampouco é permitido que proponham alterações legislativas, sugiram medidas administrativas ou alvitrem mudanças nos costumes, salvo se o fizerem em sede estritamente acadêmica ou como integrantes de comissões técnicas.

Em países civilizados, entre eles o Brasil, proíbe-se que exerçam atividades político-partidárias, as quais são reservadas àqueles eleitos pelo voto direto, secreto, universal e periódico. Essa vedação encontra-se no art. 95, parágrafo único, III, da Constituição.

Com isso, não só se impede sua filiação a partidos como também que expressem publicamente as respectivas preferências políticas. Tal interdição mostra-se ainda mais acertada porque os magistrados desempenham, ao par de suas relevantes atribuições, a delicada tarefa de arbitrar disputas eleitorais.

O protagonismo extramuros, criticável em qualquer circunstância, torna-se ainda mais nefasto quando tem o potencial de cercear direitos fundamentais, favorecer correntes políticas, provocar abalos na economia ou desestabilizar as instituições, ainda que inspirado na melhor das intenções.

Por isso, posturas extravagantes ou ideologicamente matizadas são repudiadas pela comunidade jurídica, bem assim pela opinião pública esclarecida, que enxerga nelas um grave risco à democracia.

Audiência de custódia e direito de defesa

Publicado na *Folha de S. Paulo* em 20.10.2015.

O Brasil tem 607.731 pessoas presas. Entre essa população, 41% correspondem a presos provisórios, encarcerados ainda sem culpa formada, sem uma condenação definitiva, de acordo com números divulgados pelo Depen (Departamento Penitenciário Nacional), órgão do Ministério da Justiça.

Contra esse contingente de presos existe apenas uma suspeita ou uma acusação apresentada formalmente. Mostra-se ainda mais grave esse quadro ao se ter em vista que o lapso temporal entre o momento da prisão e o primeiro contato do encarcerado com a autoridade judicial é, de segundo levantamento do Núcleo de Estudos da Violência da USP, em média, 120 dias.

Nesse contexto, audiências de custódia servem, especialmente, para evitar o encarceramento desnecessário de pessoas que, ainda que tenham cometido delitos, não devam permanecer presas durante o processo. As audiências de custódia oferecem ao juiz a possibilidade de, frente a frente com a pessoa presa, analisar de forma mais cautelosa as circunstâncias da prisão.

Desde 1992, integram o ordenamento jurídico brasileiro normas que determinam que o preso deverá ser conduzido "sem demora" à presença de uma autoridade judicial. É o que se estabeleceu na Convenção Americana Sobre Direitos Humanos (art. 7º, item 5) e no Pacto Internacional sobre Direitos Civis e Políticos (art. 9º, item 3).

O próprio Supremo Tribunal Federal (STF), recentemente, foi responsável por duas importantes decisões sobre o tema: no julgamento da Ação Direta de Inconstitucionalidade nº 5.240, em 20 de agosto, "declarou constitucional o projeto, que se iniciou perante o Tribunal de Justiça de São Paulo, em fevereiro de 2015", e em 9 de setembro, julgando medida cautelar na Ação de Descumprimento de Preceito Fundamental nº 347, determinou a implantação das audiências de custódia em todo o país, no prazo máximo de 90 dias.

Além de serem notórios mecanismos a resguardarem a integridade física e moral dos presos, coibindo práticas de tortura, as audiências de custódia visam à consolidação dos direitos ao acesso à Justiça, ao devido processo e à ampla defesa, os quais devem ser garantidos pelo Estado desde o momento inicial da persecução penal.

Por outro lado, o ingresso no sistema prisional de pessoas não comprometidas com o crime organizado favorece o fortalecimento de facções criminosas. Ainda mais relevante do que a economia aos cofres públicos, portanto, é a diminuição das sequelas colaterais da prisão, invariavelmente impostas às famílias e às comunidades em que estão inseridos os aprisionados.

Foi tentando superar esse panorama adverso que, desde fevereiro, o Conselho Nacional de Justiça (CNJ), em parceria com o Ministério da Justiça, os Tribunais de Justiça Estaduais e o Instituto de Defesa do Direito de Defesa (IDDD), vem disseminando a implantação das audiências de custódia pelo país.

A iniciativa do projeto Audiências de Custódia, capitaneada pelo CNJ, já alcança todos os estados da Federação e seus resultados são superlativamente satisfatórios.

Dados preliminares apontam que cerca de 50% dos presos em flagrante, quando colocados face a face com um juiz, deixam de ser recolhidos aos superlotados cárceres brasileiros, indicando uma economia de R$4,3 bilhões aos cofres públicos nos próximos 12 meses. Decisões judiciais e iniciativas de projetos como o encabeçado pelo CNJ são essenciais para a efetivação de direitos fundamentais do cidadão.

Listas partidárias

Publicado na *Folha de S. Paulo* em 31.3.2017.

A reforma do sistema eleitoral em curso no Congresso precisa ser aprovada até setembro para vigorar no pleito de 2018. Não será tarefa fácil, pois é objeto de acalorados debates que já extravasaram o âmbito parlamentar para ganhar as ruas. São vários os pontos controvertidos, mas o aspecto que mais desperta paixões no momento é a substituição das listas partidárias abertas, tradicionalmente empregadas no Brasil, pelas fechadas.

Segundo esse sistema, os partidos apresentam uma ordem preordenada de candidatos, que são eleitos em conformidade com a respectiva posição na lista, proporcionalmente ao número de votos obtidos pelas respectivas legendas. Os eleitores deixam de escolher os nomes de sua preferência, votando apenas nas agremiações partidárias. O método em si não é ruim, mesmo porque encontra guarida em muitos países politicamente avançados. Afinal, o voto em lista fortalece os partidos, entidades essenciais ao bom funcionamento da democracia representativa.

O problema é que alguns entendem que a atual conjuntura não é das mais propícias para discutir o assunto. Outros acham que a novidade configura um estratagema para garantir a reeleição de políticos cujos nomes foram envolvidos em denúncias de corrupção. Há os que pensam que um Legislativo em final de mandato e um Executivo que não recebeu a unção das urnas carecem de legitimidade para levar avante uma reforma dessa envergadura. Existem ainda aqueles que não admitem que se subtraia dos cidadãos o direito de indicar livremente seus candidatos.

A favor da mudança argumenta-se que o sistema atual, embora confira maior poder de escolha aos eleitores e favoreça, em tese, a renovação política, estimula a "fulanização" das eleições, além de promover a concorrência entre candidatos de uma mesma legenda. A lista aberta, ademais, seria incompatível com a possível adoção do financiamento público de campanhas, estimulada por decisão do Supremo Tribunal Federal que considerou inconstitucional o aporte de recursos por empresas.

Para operar adequadamente, contudo, o sistema de listas fechadas pressupõe a existência de um número reduzido de partidos, claramente identificáveis por suas posições programáticas. Esse requisito hoje inexiste no país, onde cerca de 35 agremiações políticas, grande parte sem qualquer identidade ideológica, podem disputar a cada dois anos uma frenética competição para ocupar os cargos eletivos em disputa. Por isso, a aprovação prévia de uma cláusula de barreira ou de desempenho, que reduza drasticamente o número de partidos, é condição essencial para a implantação do novo modelo.

Há mais uma dificuldade: o sociólogo Robert Michels, no início do século passado, enunciou a denominada "lei de ferro da oligarquia". Segundo ele, certas organizações sociais, como partidos e sindicatos, dão "origem ao domínio dos eleitos sobre os eleitores, dos mandatários sobre os mandantes, dos delegados sobre os delegantes". Isso significa que a mudança em cogitação exige que se assegure primeiramente a democratização interna das agremiações políticas.

Existem países que adotam as chamadas listas flexíveis, em que os partidos formulam uma relação de candidatos cuja ordem pode ser alterada pelos eleitores, aos quais também se permite votar em um nome de sua preferência, independentemente da posição que ocupe na lista. Talvez seja o caso de adotar-se transitoriamente essa solução intermediária, submetendo uma mudança mais radical e definitiva a um plebiscito ou referendo popular, de baixo custo e fácil execução. Para tanto, bastaria inserir uma consulta aos cidadãos na programação das urnas eletrônicas que estão sendo preparadas para as eleições do ano vindouro.

Estado mínimo, pós-modernidade e desglobalização

Publicado na revista *Consultor Jurídico* em 4.4.2017.

Entre os múltiplos problemas que inquietam os brasileiros na quadra atual, sobretudo aqueles que vivem apenas dos rendimentos de seu trabalho, figura com destaque a severa redução de benefícios sociais que está sendo rapidamente implementada entre nós. A preocupação não é apenas com a perda de direitos na área da saúde e educação, mas principalmente com a precarização das relações empregatícias, levada a efeito por uma terceirização radical da mão de obra, já transformada em lei, e com o abrandamento das normas celetistas, ainda em discussão no Congresso Nacional, ao qual se soma a proposta de endurecimento das regras para a aposentadoria.

Enganam-se aqueles que pensam que essas reformas, cujo impacto recairá em cheio sobre os assalariados, constituam uma decorrência exclusiva da crise interna em que se debate o país. Não se pode negar que a recessão econômica e a remoção da presidente eleita pelo *impeachment* foram fatores desencadeantes de tais políticas. Todavia, para bem compreendê-las, é preciso munir-se de uma perspectiva mais abrangente, voltando os olhos para os acontecimentos que ocorrem ao nosso redor.

Com efeito, vivemos atualmente em um mundo que nos causa profunda perplexidade, em especial diante da crescente perda de valores e parâmetros nos vários planos da existência. Sente-se, por toda a parte, um mal-estar difuso, porém persistente, uma espécie de *malaise* sem causa específica, a qual se revela por medos, angústias, fobias, neuroses e ansiedades que assolam grande parte dos indivíduos. Alguns atribuem esse desconforto à chamada "pós-modernidade", conceito ainda à espera de uma melhor definição por parte dos estudiosos.

Trata-se, numa primeira avaliação, de um novo comportamento das pessoas, cujos reflexos são sentidos na filosofia, psicologia, sociologia, economia, política e até mesmo nas ciências exatas e naturais. Ao que parece, está-se diante de uma nova maneira de ser do homem, totalmente distinta daquela que prevaleceu a partir do início da Era Moderna, que começou com o Iluminismo no século XVIII, e perdurou até fim da Segunda Guerra Mundial na centúria passada.

A Era Moderna desenvolveu no ser humano um novo modo de pensar, uma perspectiva sistêmica, totalizante, holística da realidade, que teve como precursores Bacon, Galileu, Descartes, além de outros, a qual permitiu superar os resquícios, ainda remanescentes à época, da cosmovisão medieval, refém da superstição e da crendice. As epistemologias modernas passaram a buscar explicações racionais, metódicas e englobantes para a sociedade e o universo, cujos expoentes foram, entre vários, Darwin, Marx, Freud, Durkheim, Keynes e Einstein.

Esse novo jeito de ver as coisas introduziu o primado da razão sobre a superstição e a crença na ciência como vetor do progresso da humanidade. A forma de ser pós-moderna, ao revés, nutre uma forte suspeita contra o conhecimento científico e um profundo ceticismo em relação ao pensamento racional. O antigo saber, construído há séculos, é substituído por uma visão fragmentada e efêmera do mundo, não raro fundada em simples suposições, preconceitos ou opiniões. Isso leva à adoção acrítica de valores artificiais, de meros modismos, que se sucedem de forma frenética e fugaz. A comunicação instantânea, facilitada pela internet e pelas mídias sociais, potencializa a absorção desses gostos, os quais, tão logo adotados, são de pronto substituídos.

Na pós-modernidade, tem-se o predomínio do individualismo, consumismo, hedonismo, imediatismo, pessimismo, niilismo e até do franco sectarismo. As relações sociais passam a caracterizar-se pela fragilidade, transitoriedade, fluidez e impessoalidade, cujo pano de fundo, não raro, é um despudorado pragmatismo. Vive-se aquilo que Zygmunt Bauman, com muita propriedade, chamou de "modernidade líquida".

As pessoas, ademais, deixam de ter como âncoras de suas vidas as comunidades religiosas, étnicas, afetivas ou territoriais, aderindo a grupos, transeuntes e voláteis, cada vez mais virtuais, em geral aglutinados em torno do Facebook ou Instagram. O próprio Estado-Nação, principal ponto de referência das pessoas, desde o século XVI, sofreu um profundo abalo, atingido que foi em seu principal atributo, que é a soberania, especialmente quanto à autonomia decisória no concernente às decisões econômicas.

Isso se deve basicamente à globalização, que se acelerou vertiginosamente com o término da Guerra Fria, simbolicamente representado pela queda do Muro de Berlim em 1989. Corresponde, em termos gerais, a uma intensa circulação de bens, capitais e tecnologia através das fronteiras nacionais, com a criação de um mercado mundial, estruturado segundo os interesses das empresas transnacionais.

Ela constitui basicamente um fenômeno econômico, consubstanciando uma etapa posterior na evolução do capitalismo, tornada possível pelo notável avanço das comunicações, dos transportes e da informática.

Um dos aspectos mais nefastos desse processo é abertura forçada dos mercados nacionais, particularmente aos capitais estrangeiros, sobrelevando aquele de caráter especulativo, conhecido como *hot money*. Trata-se de valores que apresentam altíssima volatilidade e não têm qualquer compromisso com as atividades produtivas dos países hospedeiros. São recursos aplicados em papéis de curtíssimo prazo, com rentabilidade fora do comum, resgatados ao menor sinal de instabilidade política ou econômica. Excepcionalmente destinam-se à compra, a preços vis, de ativos depreciados pelas crises recorrentes geradas pelo próprio processo de globalização.

Recentemente, o mundo sofreu o impacto daquela que talvez tenha sido a maior de todas as crises, causada pelo malfadado *subprime* dos bancos americanos, empréstimos baseados em hipotecas supervalorizadas. O *subprime* – um mútuo de risco sem garantias adequadas – gerou uma "bolha" de crédito que, ao arrebentar, levou de roldão o sistema financeiro mundial. Em setembro de 2008, o planeta mergulhou na mais profunda crise econômica desde a Grande Depressão dos anos 1930, da qual até hoje não se recuperou. Evidentemente, o Brasil também foi arrastado por esse turbilhão, sofrendo gravíssimas consequências.

Outra faceta nefasta desse modelo é o extraordinário aumento da produção de bens de consumo, de caráter voluptuário, fabricados com tecnologias anacrônicas, que esgotam irremediavelmente a natureza. Um exemplo dessa sobrecarga consiste na enorme e descontrolada emissão de dióxido de carbono e outros rejeitos tóxicos pelas fábricas, que contribuem para o efeito estufa, responsável pelo aquecimento global e a degradação de mares e rios. Já os gases que emanam dos *sprays* e aparelhos de refrigeração destroem a camada de ozônio presente na atmosfera, escudo natural que nos protege da incidência dos perigosos raios ultravioletas.

Outro dado negativo é que as distintas partes que integram as mercadorias são hoje fabricadas onde os custos de produção, fiscais, trabalhistas ou ambientais, são mais convenientes, levando à transferência de um expressivo número de indústrias obsoletas e poluidoras dos países desenvolvidos para os econômica e socialmente menos avançados, nos quais as normas de proteção são mais permissivas ou a fiscalização, menos eficiente.

Ao par disso, a competição internacional pela exportação e importação de produtos agrícolas e outras *commodities* a preços degradados tem acarretado a destruição de florestas e o uso abusivo de agrotóxicos. Também a demanda global por produtos naturais, madeiras nobres, plantas exóticas e animais silvestres, dirigida a compradores de maior poder aquisitivo, vem destruindo sistematicamente os últimos ecossistemas ainda remanescentes.

O ambiente das cidades é igualmente afetado, pois a mecanização da lavoura cria uma massa de desempregados, levando ao êxodo rural e à favelização, com a destruição de áreas verdes, mananciais e fundos de vale. Não por acaso é que os índices de criminalidade e violência urbana têm crescido vertiginosamente, em especial nos países que adotaram medidas recessivas para combater as crises, as quais acabam gerando mais desemprego e exclusão social.

No âmbito da cultura, as empresas transnacionais imprimem padrões tecnológicos e até estéticos uniformes para todos. Os estúdios de Hollywood e as gravadoras estrangeiras estabelecem padrões artísticos e musicais, que são incorporados acriticamente pela massa de aficionados de filmes e músicas. As grandes redes de comunicação, por sua vez, fornecem ao público apenas as notícias que consideram apropriadas – mecanicamente replicadas pelas congêneres locais –, censurando as consideradas indesejáveis ou inoportunas. O inglês, desbancando outros idiomas, tornou-se a língua franca em toda a orbe, boa parte em razão da rede mundial de computadores, em permanente expansão, que interliga hoje cerca de 3,2 bilhões de usuários.

Com a globalização – e a consequente descentralização da produção industrial e de serviços – surge na área do direito outro fenômeno digno de nota, qual seja, o renascimento da chamada *Lex Mercatória*. Trata-se de um conjunto de normas que, desde a mais remota Antiguidade, disciplina o relacionamento entre os comerciantes. Ela se baseia na prevalência dos contratos (*pacta sunt servanda*), no predomínio da vontade das partes e na valorização dos usos e costumes. Cuida-se de um direito não estatal, que pode ser eventualmente reconhecido em parte pelos distintos ordenamentos jurídicos, como ocorre entre nós com a legislação mercantil. Caracteriza-se pela solução de dissídios por meio da arbitragem, com a escolha, caso a caso, do foro e das normas aplicáveis, praticada totalmente à margem do Estado-juiz. Nas relações trabalhistas tem-se, quase que como um corolário, a crescente adoção de acordos coletivos, celebrados entre representantes de patrões e empregados, com a preponderância do pactuado sobre o legislado.

Sem embargo, contudo, dessa evolução, a partir da crise econômica mundial de 2008, curiosamente passou-se a falar em "desglobalização". De fato, o comércio internacional, em 2016, depois de décadas de crescimento exponencial, teve um incremento inferior à economia mundial, cerca de 1,7% ante 2,2%. A China, que durante muito tempo estimulou a expansão comercial para além de suas fronteiras, volta-se de novo para dentro, priorizando o consumo e as inversões internas. Os diversos países passaram então a empregar toda a sorte de medidas protecionistas, que incluem restrições a produtos importados e ao movimento de estrangeiros e imigrantes, que em geral levam à queda de investimentos e do consumo, causando mais desemprego, pobreza e exclusão social.

Essa conjuntura constitui terreno fértil para o surgimento de líderes de extrema direita, que advogam o Estado mínimo, com a flexibilização de direitos trabalhistas e o corte de benefícios sociais. Na Europa inclusive já se prenuncia o fim do generoso *Welfare State*, construído a duras penas no século precedente. Segundo Stuart Hall, caminha-se aceleradamente para aquilo que qualifica de "populismo autoritário". Essa novel autocracia, que flerta com a mais tosca demagogia, nutre-se das crescentes desigualdades sociais e do espectro de variados males, reais ou imaginários, a começar pelo terrorismo, estimulando a homofobia, o sexismo, a xenofobia e o racismo.

Para o intelectual camaronês Achille Mbembe, o *apartheid*, de triste memória, reaparecerá em vários lugares, sob distintas roupagens, criando novos separatismos, construindo mais muros, militarizando fronteiras e aumentando a repressão policial. Alguns sinais dão conta da concretização desse fenômeno: o Brexit, por exemplo, que corresponde à decisão da Grã-Bretanha de sair unilateralmente da União Europeia, estimulando movimentos similares alhures. Outro exemplo é a retórica isolacionista, nacionalista e armamentista – que dominou a campanha presidencial dos EUA – cujo resultado elegeu Donald Trump – e é replicada em diversos países da Europa, África, Ásia e Oriente Médio.

Para Mbembe, a dúvida que resta é saber se, no limiar deste novo milênio, a política ainda poderá subsistir de alguma forma ou se devemos nos conformar com os retrocessos que se multiplicam por toda a parte. A resposta a essa questão – nada retórica – é inequivocamente afirmativa, mesmo porque fora da política não há salvação para a democracia, que na tradição ocidental caracteriza-se pelo respeito aos direitos e garantias fundamentais e pela solidariedade para com as pessoas social e economicamente menos favorecidas.

Intervenção federal como necessidade

Publicado no jornal *O Globo* em 20.4.2017.

Uma Federação assegura aos seus membros as vantagens da unidade preservando a respectiva diversidade. Esse equilíbrio é mantido por instrumentos que vão desde a solução de dissenções internas por um tribunal especializado até a intervenção do governo central nas unidades federadas.

A ação interventiva é limitada no tempo e ao objetivo de preservar a associação. Quando não se amolda a tais condições, torna-se abusiva. Embora configure corretivo drástico, há situações em que se mostra necessária.

Neste momento em que algumas unidades da Federação passam por inusitada crise institucional, três das várias hipóteses constitucionais que autorizam a intervenção despertam maior interesse: "pôr termo a grave comprometimento da ordem pública", "reorganizar as finanças" e "garantir o funcionamento de qualquer dos poderes".

No primeiro caso, a intromissão somente é legítima caso a desordem não possa ser debelada pelas autoridades locais ou se estas não queiram fazê-lo. No segundo, ela é permitida quando a desorganização financeira de um ente federado extrapola seu território, colocando em risco a estabilidade dos demais. À União não é dado permanecer impassível em tais circunstâncias, cumprindo-lhe solucionar o problema.

A intervenção é decidida pelo Presidente da República, independentemente de apreciação prévia do Congresso ou Judiciário. Porém, se exorbitar de suas atribuições, incorre em crime de responsabilidade.

Ela é empregada também para assegurar o funcionamento de qualquer dos poderes, evitando que sejam coagidos ou impedidos de exercer suas funções. A falta de repasse de verbas orçamentárias para o regular funcionamento deles consubstancia pressuposto de intervenção. Aqui a ação do presidente não é livre, dependendo de solicitação dos poderes coactos ou impedidos. Se o constrangimento afetar o Judiciário, a requisição partirá do Supremo Tribunal Federal.

A intervenção efetiva-se por decreto, que especificará a amplitude, o prazo e as condições de sua execução, nomeando, se couber, um interventor. O ato é submetido à apreciação do Congresso dentro de 24 horas. Quando em recesso, será convocado extraordinariamente. Também são auscultados o Conselho da República e o Conselho de Defesa Nacional. A Constituição, na vigência da intervenção, não poderá ser emendada.

O decreto independe de aprovação parlamentar para ter eficácia, produzindo efeitos desde sua edição. Caso rejeitado, a intervenção passará a ser inconstitucional. Se o presidente, apesar disso, persistir na medida, estará cometendo crime de responsabilidade.

A intervenção não destitui as autoridades eleitas, ainda que estas tenham cometido falta grave ou algum ilícito. Cessados os motivos da intervenção, elas voltarão aos seus cargos, salvo impedimento legal.

Tal como o estado de sítio ou de defesa, a intervenção federal constitui providência excepcional, admitida em situações em que a paz social ou a governabilidade do país não possam mais ser asseguradas por medidas convencionais.

Por um novo pacto federativo

Publicado no jornal *O Estado de São Paulo* em 23.4.2017.

A Federação é uma forma de Estado relativamente nova, que surgiu da união das treze ex-colônias britânicas na América do Norte, que se tornaram soberanas após a independência de 1776. O Brasil abrigou esse modelo na Constituição republicana de 1891, replicando-o em todas as cartas políticas subsequentes. Os constituintes abandonaram a estrutura estatal unitária do Império para adotar uma organização político-administrativa descentralizada, mais consentânea com um país multifacetado de dimensões continentais como o nosso.

Trata-se, em linhas gerais, de uma associação permanente e indissolúvel de entes políticos, que tem por base uma constituição comum, a qual estabelece as rendas e competências de seus integrantes. Ela permite que preservem os benefícios da diversidade, usufruindo as vantagens da unidade. Cogitada inicialmente como fórmula para melhor administrar diferenças regionais, depois passou a ser valorizada por ensejar a desconcentração do poder e uma maior proximidade do povo com os governantes.

Esse paradigma, porém, jamais vingou integralmente entre nós. É que a Federação brasileira, segundo os especialistas, padece de um pecado original: ao invés de ter nascido da fusão de entes soberanos, como ocorreu nos Estados Unidos, surgiu do desmembramento de um Estado unitário. As antigas províncias imperiais, despidas de maior autonomia, quando se transformaram nominalmente em Estados, tiveram de contentar-se com as modestas atribuições e os parcos recursos que lhes foram avaramente adjudicados. Isso fez com que as unidades federadas ficassem permanentemente dependentes de favores da União para dar conta de suas obrigações mais comezinhas.

O Federalismo brasileiro historicamente oscilou segundo um movimento pendular. Transitou por momentos de enorme concentração de poderes no âmbito da União e outros em que os estados foram mais bem aquinhoados. Quando o figurino estadunidense foi adotado nos albores da República, nossa Federação chegou a apresentar tal grau de desconcentração que alguns políticos e intelectuais temeram o esfacelamento do país. Certos estados se autodenominaram soberanos, legislaram sobre comércio interestadual, celebraram tratados internacionais, mantiveram legações diplomáticas, contraíram dívidas externas, sem autorização do Congresso, afora outras medidas extravagantes.

Superados os movimentos de concentração e desconcentração propiciados respectivamente pelas Constituições de 1937 e 1946, sobreveio o movimento político-militar de 1964, quando o pêndulo voltou a oscilar no sentido da centralização. Governadores, senadores "biônicos", prefeitos de capitais, estâncias turísticas e municípios considerados de "interesse da Segurança Nacional" eram escolhidos a partir de Brasília. Da renda nacional, apenas migalhas destinavam-se aos estados e municípios, que foram reduzidos à penúria extrema. Atribuiu-se também à União a competência para legislar sobre praticamente todo o direito material e adjetivo, inclusive por decretos-lei.

A Constituição de 1988 pareceu colocar um paradeiro nessa permanente alternância, ao optar por uma descentralização inovadora. A União continuou fortalecida, mas os estados e municípios acabaram contemplados com as denominadas competências concorrentes e comuns relativamente a atividades em que seus interesses coincidem, bem assim com a ampliação dos chamados fundos de participação para o compartilhamento de tributos.

Menos de dez anos depois, contudo, verificou-se um novo e surpreendente avanço no sentido da centralização, especialmente com as Reformas

Previdenciária e Administrativa, que retiraram dos estados a capacidade de legislar nessas áreas. Tal tendência continuou com a Reforma do Judiciário, que instituiu o Conselho Nacional de Justiça, introduziu as súmulas vinculantes e reduziu as competências da magistratura estadual. Além disso, a União passou a valer-se de maneira crescente das denominadas contribuições sociais, que não ingressam nos fundos de participação. A recessão econômica e as exonerações fiscais de tributos federais, equivocadamente adotadas para mitigá-la, agravaram a situação das unidades federadas.

As responsabilidades dos estados e municípios, todavia, sobretudo nas áreas da educação, saúde e segurança pública, evoluíram exponencialmente. Isso levou à situação falimentar em que muitas delas se encontram hoje. A canhestra ingerência em seus negócios internos, por parte da União, a pretexto de regatá-las da bancarrota, acabou fazendo com que voltássemos a ser um Estado unitário de fato.

Para recuperar a Federação concebida originalmente, poder-se-ia, desde logo, sem qualquer alteração legislativa, evitar que o governo central ocupe todos os espaços normativos no âmbito das competências concorrentes. Afinal, o §1º do art. 24 da Constituição estabelece que, "no âmbito da legislação concorrente, a competência da União limitar-se-á a estabelecer normas gerais". Já o §3º desse dispositivo consigna que, "inexistindo lei federal sobre normas gerais, os estados exercerão a competência legislativa plena, para atender às suas peculiaridades". Outra senda consistiria em resgatar ao máximo a competência residual dos estados, a que se refere o §1º do art. 25, segundo o qual são "reservadas aos Estados as competências que não lhes sejam vedadas por esta Constituição".

Tais iniciativas, todavia, não afastam o encontro marcado que o Brasil tem com uma profunda reforma constitucional destinada a promover uma nova – e mais justa – redistribuição da renda tributária nacional, seguida de uma redefinição das competências das unidades federadas, permitindo que cumpram o papel para o qual são vocacionadas, a saber, o de prestar a tempo e com eficiência os serviços públicos essenciais à população em conformidade com suas peculiaridades locais.

Reproclamar a República

Publicado no jornal *Correio Braziliense* em 27.4.2017.

Os constituintes de 1889, não por acaso, escolheram a república como forma de governo, em substituição à monarquia. Tratou-se de uma opção deliberada e repleta de consequências, majoritariamente ratificada pelos eleitores no plebiscito realizado em 21.4.1993.

Instituída em Roma no século V a.C., em substituição à realeza, a república encerra a noção de coisa comum, de um bem pertencente à coletividade, correspondendo ao regime político praticado pelos antigos gregos, no qual os cidadãos participavam ativamente da gestão da coisa pública. Cícero definiu-a como um agrupamento "que tem seu fundamento no consentimento jurídico e na utilidade comum".

A concepção romana foi resgatada no século XVIII por Rousseau, para quem a república correspondia a um Estado regido por leis estabelecidas diretamente pelo povo. Mas sua maior contribuição consistiu na afirmação de que essa forma de governo tem por fundamento a igualdade de todos os cidadãos.

Nas Américas, Madison, cujos escritos, ao lado dos de Hamilton e Jay, contribuíram decisivamente para moldar o arcabouço institucional dos Estados Unidos, assinalava que república corresponde a um "governo que deriva os seus poderes direta ou indiretamente do povo, e é administrado por pessoas que se mantém nos respectivos cargos, por um período limitado, ao arbítrio daquele, ou enquanto bem servirem", adicionando ainda ao conceito o princípio da separação dos poderes de Montesquieu. Entre nós, Rui Barbosa, calcado no constitucionalismo ianque, a definia como um governo "do povo, para o povo e pelo povo". Por isso os especialistas contemporâneos assinalam que as características essenciais da república são a eletividade, temporariedade e responsabilidade dos governantes.

A partir da Declaração dos Direitos do Homem e do Cidadão de 1789, o ideal republicano passou a incorporar a noção de que as pessoas são titulares de direitos em face do Estado, em especial à vida, liberdade, propriedade e participação política. Mais tarde, somaram-se a eles os denominados direitos sociais, como o direito à saúde, educação, previdência, entre outros, que passaram a integrar as constituições promulgadas a partir de então. Em meados da centúria passada, no apogeu da globalização, surgiu uma nova geração de direitos, os quais se chamou de direitos de solidariedade ou fraternidade, com destaque para a proteção do meio ambiente.

Essas considerações fazem aflorar a antiga discussão relativa aos deveres dos cidadãos. Sim, porque, se os indivíduos, numa república, fazem jus a direitos, haverão de ter, em contrapartida, obrigações para com a comunidade, conforme ocorria na Roma antiga ou, mais recentemente, na Alemanha sob a Constituição de Weimar de 1919, que previa também um conjunto de deveres para todos.

Mas, ainda que os textos constitucionais atualmente não façam menção a obrigações, é possível deduzi-las, como lembram Bobbio e Virolli, da multissecular tradição republicana, a exemplo do dever de tolerância, solidariedade, respeitar as pessoas, superar o egoísmo, defender a liberdade, observar os direitos dos outros e servir o bem comum.

Recordam ainda que a virtude cívica, qualidade hoje lamentavelmente caída em desuso, constitui uma característica de homens e mulheres que "sabem que não podem viver com dignidade em uma comunidade corrupta, fazem o que podem, quando podem, para servir à liberdade comum", levando-os a repudiar a prevaricação, a discriminação, a corrupção, a arrogância e a vulgaridade.

Para empregar uma concepção de Loewenstein, a ideia de república integra aquilo que ele chama de sentimento constitucional, um estado de espírito coletivo que, "transcendendo todos os antagonismos e tensões existentes, político-partidárias, econômico-sociais, religiosas ou de outro tipo, integra os detentores e destinatários do poder num marco de uma ordem comunitária obrigatória".

A força imperativa desse sentimento, porém, depende do grau de maturidade cívica dos cidadãos e da consciência de que são titulares não só de direitos, mas também de deveres em face do Estado e da sociedade. Para que isso se concretize na prática, talvez, seja necessário reproclamar a República.

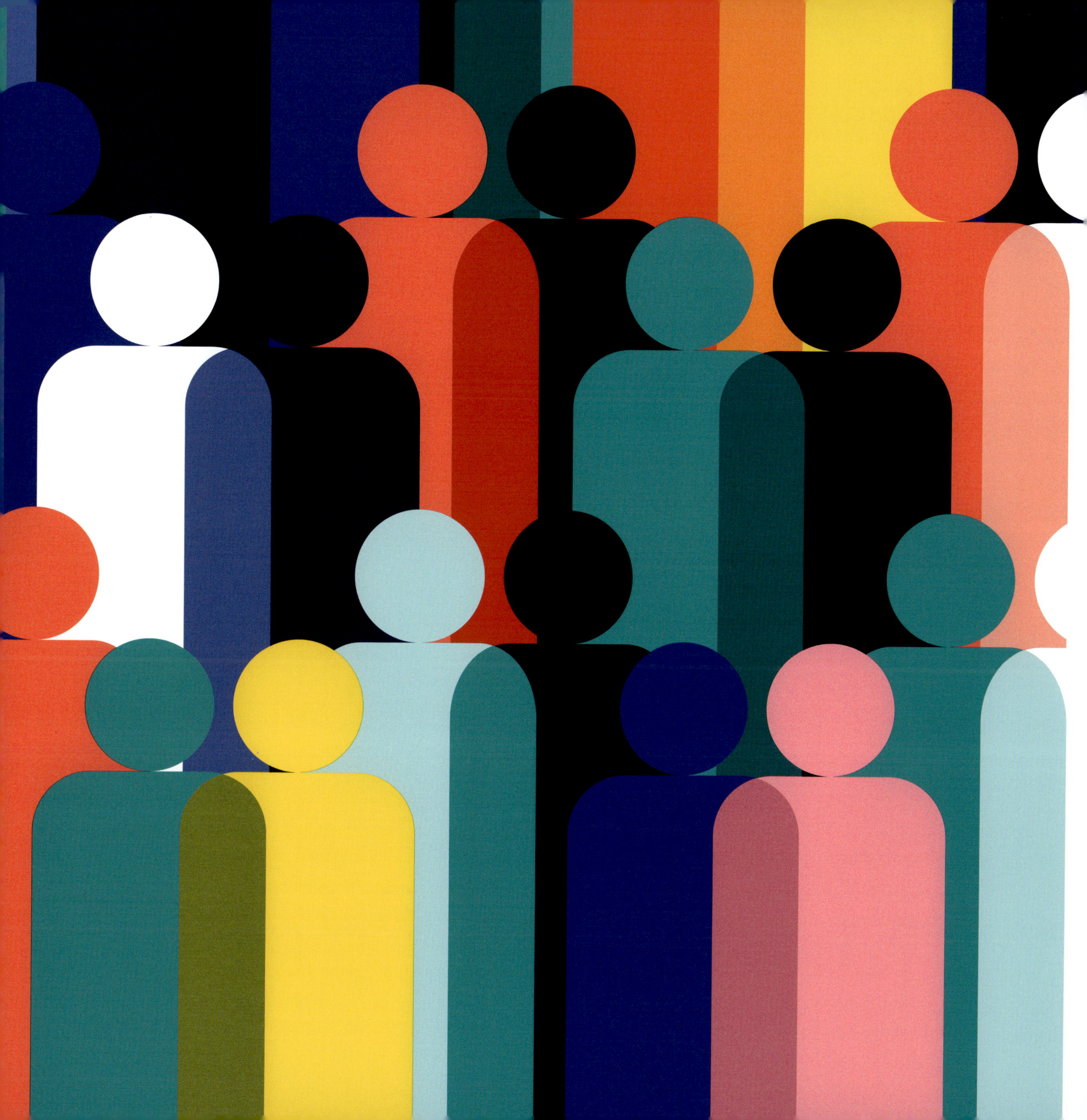

Fora da Constituição não há salvação

Publicado na *Folha de S. Paulo* em 15.5.2017.

Bertold Brecht, antevendo os horrores das guerras e genocídios do século passado, em conhecido poema, profetizou:

> Primeiro levaram os negros. Mas não me importei com isso. Eu não era negro. Em seguida levaram alguns operários. Mas não me importei com isso. Eu também não era operário. Depois prenderam os miseráveis. Mas não me importei com isso. Porque eu não sou miserável. Depois agarraram uns desempregados. Mas como tenho meu emprego também não me importei. Agora estão me levando. Mas já é tarde. Como eu não me importei com ninguém, ninguém se importa comigo.

Essa advertência nos recorda que em situações de crise é preciso observar princípios, guardar coerência, agir com desassombro, sem perder a serenidade, e sobretudo mostrar-se solidário para com os semelhantes. Na esfera individual, nessas horas, muitos encontram consolo na religião, alguns na amizade, outros na família, uns poucos na filosofia. No plano coletivo, porém, as multidões desavisadas costumam buscar amparo em figuras messiânicas, pretensamente dotadas de soluções mágicas, quase sempre apartadas dos marcos civilizatórios que a humanidade construiu ao longo de séculos.

Salus rei publicae suprema lex esto costumava ser o bordão esgrimido pelos ditadores da antiga Roma em épocas de adversidade. Para eles, qualquer medida, por mais brutal ou cruenta que fosse, era válida para salvar a República. Essa tese, retomada num passado relativamente recente pelo jurista alemão Carl Schmitt, serviu de base para algumas das mais ferozes autocracias da centúria anterior. Só que, desde a derrubada do absolutismo monárquico pelas revoluções liberais, há cerca de duzentos anos – as quais puseram fim à teoria da inimputabilidade dos reis, implantando o Estado de direito –, não se tolera mais, mesmo a pretexto das melhores intenções, nenhuma ação arbitrária por parte de agentes estatais, cuja atuação deve circunscrever-se rigorosamente aos limites da lei.

Em tempos de crise, quando os consensos se fragilizam e os laços comunitários se esgarçam, a multissecular experiência dos povos indica que o abrigo mais seguro para a sobrevivência de todos é a plena adesão ao pacto social firmado entre os cidadãos, que se consubstancia na Constituição. Nos países politicamente avançados, ela encerra um conjunto de valores éticos, fundado no respeito à dignidade da pessoa humana, que enseja a convivência pacífica e fraterna entre as pessoas.

A única saída legítima para as crises, seja qual for sua natureza, consiste no incondicional respeito às normas constitucionais. Nelas estão acolhidos, com o merecido destaque, os princípios da limitação do poder, da isonomia, da legalidade, da inafastabilidade da jurisdição, da presunção de inocência e da ampla defesa, que protegem a coletividade contra o arbítrio e a violência. Também nelas encontra guarida o postulado da soberania popular – quiçá o mais importante de todos –, que se expressa pelo voto direto, secreto, universal e periódico. Sobre ele repousa a própria democracia, a qual, segundo afirmava Churchill, com a verve que o caracterizava, é a pior forma de governo, exceto todas as outras.

Por isso, tomando de empréstimo parte de célebre frase atribuída a Santo Agostinho sobre o primado da Igreja, vale insistir que, nos dias que correm, fora da Constituição, não há salvação! Interpretada esta, obviamente, não no seu sentido literal, mas em conformidade com o conteúdo material que a anima, revelador das concepções originais que inspiraram aqueles que lhe deram vida.

Parlamentarismo exige partidos autênticos

Publicado na *Folha de S. Paulo* em 3.8.2017.

O parlamentarismo é um sistema de governo que difere radicalmente do presidencialismo. Neste, o Executivo é unipessoal: o presidente é, ao mesmo tempo, chefe de Estado e chefe de Governo. Em outras palavras, encarna simultaneamente as instituições políticas e cuida do dia a dia da Administração Pública. Há também no presidencialismo uma rígida separação de poderes. Legislativo, Executivo e Judiciário atuam de forma totalmente independente, embora devam, ao menos em tese, manter uma convivência harmônica entre si.

Já no parlamentarismo, o Executivo é bipartido. O presidente, com um mandato longo nas repúblicas, ou o rei, vitalício nas monarquias, exercem o cargo de chefe de Estado, ao passo que a gestão da máquina administrativa é realizada pelo chefe de Governo, comumente denominado primeiro-ministro ou chanceler, o qual encabeça um gabinete de ministros.

Enquanto os chefes de Estado têm estabilidade, quer dizer, são praticamente inamovíveis, salvo se cometerem uma falta gravíssima, o chefe de Governo exerce suas funções ao alvedrio do parlamento, podendo perder o cargo, assim como qualquer ministro ou até o conjunto dos integrantes do gabinete, caso sejam alvos de uma moção de censura ou desconfiança, especialmente na hipótese de não desempenharem a contento as diretrizes governamentais traçadas pelos partidos políticos majoritários.

Existe, assim, nesse sistema, um relacionamento estreito entre o Executivo e o Legislativo, porquanto aquele deve executar, com a maior fidelidade possível, a vontade popular predominante expressa pela maioria dos parlamentares. Já o Judiciário, como regra, é controlado administrativamente por um órgão externo, cujos membros são indicados pelos demais poderes.

É opinião unânime entre os especialistas que o parlamentarismo, embora sujeito a instabilidades próprias dos embates políticos, comparado ao presidencialismo, é mais racional e menos personalista. Não obstante, foi duas vezes maciçamente rejeitado pelo povo brasileiro nos plebiscitos ocorridos em 1963 e 1993. Talvez porque, culturalmente, tal como acontece nos demais países da América Latina, os cidadãos se sintam mais bem representados na cúpula do poder por uma liderança forte ou carismática.

É escusado dizer que o parlamentarismo – e também o híbrido e, por isso mesmo, problemático semipresidencialismo – somente pode funcionar adequadamente em um contexto no qual existam partidos políticos fortes, com clara identificação programática e ideológica, aptos a imprimir uma direção unívoca e consistente às ações governamentais. Não só isso: os parlamentares, para representarem com fidelidade a vontade dos eleitores, precisam ser escolhidos por uma metodologia que lhes confira o máximo de representatividade, a qual inclusive deve levar em conta as minorias existentes na sociedade contemporânea, complexa e plural, mediante o sufrágio proporcional.

Se quisermos adotar o parlamentarismo entre nós, superando a forte rejeição da cidadania a esse sistema, é preciso reformar profundamente o modelo partidário em vigor, começando por instituir uma cláusula de barreira ou de desempenho para diminuir o exagerado número de agremiações políticas existentes, além de adotar o voto em lista, conjugado ou não com o distrital.

Democracia participativa já

Publicado na *Folha de S. Paulo* em 4.9.2017.

Numa república, os governantes, escolhidos pelo povo, são responsáveis diante dele pela gestão dos negócios públicos. Não exercem o poder por direito próprio, constituindo meros mandatários dos cidadãos. Nessa forma de governo, impera a soberania popular, que encontra expressão por meio de representantes eleitos, apartando-se dos regimes autocráticos, nos quais os cidadãos não têm qualquer influência sobre os detentores do poder.

A legitimidade dos representantes do povo radica em eleições periódicas, que têm como base o sufrágio universal, igual, direto e secreto. O sistema representativo pressupõe, ainda, a existência de mecanismos que estabeleçam o predomínio da vontade da maioria, com a garantia de que as minorias encontrem expressão no plano político. Para tanto, é preciso assegurar não só um pluripartidarismo autêntico, como também a mais ampla liberdade de opinião, de reunião e de associação, além de outras franquias como o voto proporcional.

Mas a participação popular hoje não ocorre mais apenas a partir do indivíduo, do cidadão isolado, ente privilegiado e até endeusado pelas instituições político-jurídicas do liberalismo. O final da centúria passada e o século XXI certamente entrarão para a história como épocas em que o indivíduo se eclipsa, surgindo em seu lugar as associações, que se multiplicam nas chamadas "organizações não governamentais", as quais hoje expressam parcela considerável dos múltiplos e complexos interesses que se entrecruzam na sociedade contemporânea.

Esse fato, aliado às deficiências da representação política tradicional, deu origem a alguns institutos que diminuem a distância entre os cidadãos e o poder, com destaque para o plebiscito, o referendo, a iniciativa legislativa, o veto popular e o *recall*, também conhecido como referendo revogatório, que permite ao povo rescindir mandatos eletivos.

Os constituintes de 1988, nesse aspecto, empreenderam um enorme salto qualitativo, ainda não suficientemente explorado, que correspondeu à transmudação de uma democracia meramente representativa numa democracia participativa. Sim, porque em praticamente todas as nossas constituições sempre constou a expressão "todo poder emana do povo e em seu nome será exercido". Na atual, operou-se uma mudança sutil, porém significativa, quando se fez constar o seguinte: "todo poder emana do povo, que o exerce por meio de representantes eleitos ou diretamente, nos termos desta Constituição".

Ocorre que, embora o texto constitucional vigente tenha incorporado formalmente alguns dos institutos da democracia participativa, como o plebiscito, o referendo e a iniciativa legislativa, as barreiras antepostas ao seu emprego são tão severas que raras vezes lograram ser implementados.

A reforma política em curso no Congresso Nacional, paralisada por falta de consenso, poderia ao menos dar concreção à vontade dos constituintes originários, tornando operantes os instrumentos da democracia participativa já adotados, além de acrescentar aos já existentes o referendo revogatório e o veto popular. Quem sabe assim a vontade dos cidadãos possa ser aferida de modo mais imediato e autêntico, sem prejuízo do aperfeiçoamento futuro dos atuais mecanismos de escolha de nossos mandatários, notoriamente deficientes.

Significado de devido processo legal

Publicado na *Folha de S. Paulo* em 27.9.2017.

O conceito de devido processo legal aparentemente anda um pouco esquecido entre nós nos últimos tempos. Cuida-se de uma das mais importantes garantias para defesa dos direitos e liberdades das pessoas, configurando um dos pilares do constitucionalismo moderno.

Tem origem na Magna Carta de 1215, através da qual o Rei João Sem Terra, da Inglaterra, foi obrigado a assegurar certas imunidades processuais aos seus súditos. O §39 desse importante documento, ainda hoje em vigor, estabelece que "nenhum homem livre será detido ou sujeito à prisão, ou privado de seus bens, ou colocado fora da lei, ou exilado, ou de qualquer modo molestado [...] senão mediante um julgamento regular de seus pares ou em harmonia com a lei do país".

Tais prerrogativas foram sistematicamente reconfirmadas pelos monarcas subsequentes, sendo a expressão, "lei do país", substituída pela locução "devido processo legal", em 1354, no Estatuto de Westminster. Com isso, os direitos das pessoas passaram a ser assegurados não mais pela mera aplicação da lei, mas por meio da instauração de um processo levado a efeito segundo a lei.

De lá para cá, essa franquia incorporou-se às Cartas políticas da maioria das nações democráticas, constando do art. 5º, LIV, de nossa Constituição, com o seguinte teor: "Ninguém será privado da liberdade ou de seus bens sem o devido processo legal".

Trata-se de uma moeda de duas faces. De um lado, quer dizer que é indispensável a instauração de um processo antes da restrição a quaisquer direitos. De outro, significa que o processo precisa ser adequado, ou seja, não pode ser simulacro de procedimento, devendo assegurar, no mínimo, igualdade entre as partes, o contraditório e a ampla defesa.

O devido processo legal cresce em importância no âmbito penal, porque nele se coloca em jogo a liberdade que, depois da vida, é o bem mais precioso das pessoas. Sim, porque o imenso poder persecutório do Estado, detentor monopolístico do direito de punir, só se submete a temperamentos quando observada essa garantia essencial.

Nunca é demais lembrar que o processo atualmente não é mais considerado meio de alcançar a punição de quem tenha infringido as leis penais, porém um instrumento de tutela jurídica dos acusados.

Mas não é só no plano formal que o devido processo legal encontra expressão. Não basta que os trâmites, as formalidades e os procedimentos, previamente explicitados em lei, sejam observados pelo julgador.

É preciso também que, sob o aspecto material, certos princípios se vejam respeitados.

Nenhum valor teria para as partes um processo levado a efeito de forma mecânica ou burocrática, sem respeito aos seus direitos fundamentais, sobretudo os que decorrem diretamente da dignidade da pessoa humana, para cujo resguardo a prestação jurisdicional foi instituída.

O direito ao contraditório e à ampla defesa fica completamente esvaziado quando o processo judicial se aparta dos princípios da razoabilidade e proporcionalidade ou do ideal de concretização do justo.

Com efeito, uma decisão que atente contra a racionalidade, a realidade factual ou os princípios gerais do direito universalmente reconhecidos, embora correta do ponto de vista procedimental, não se conforma ao devido processo legal substantivo.

Prisões provisórias que se projetam no tempo, denúncias baseadas apenas em delações de corréus, vazamentos seletivos de dados processuais, exposição de acusados ao escárnio popular, condenações a penas extravagantes, conduções coercitivas, buscas e apreensões ou detenções espalhafatosas indubitavelmente ofendem o devido processo legal em sua dimensão substantiva, configurando, ademais, inegável retrocesso civilizatório.

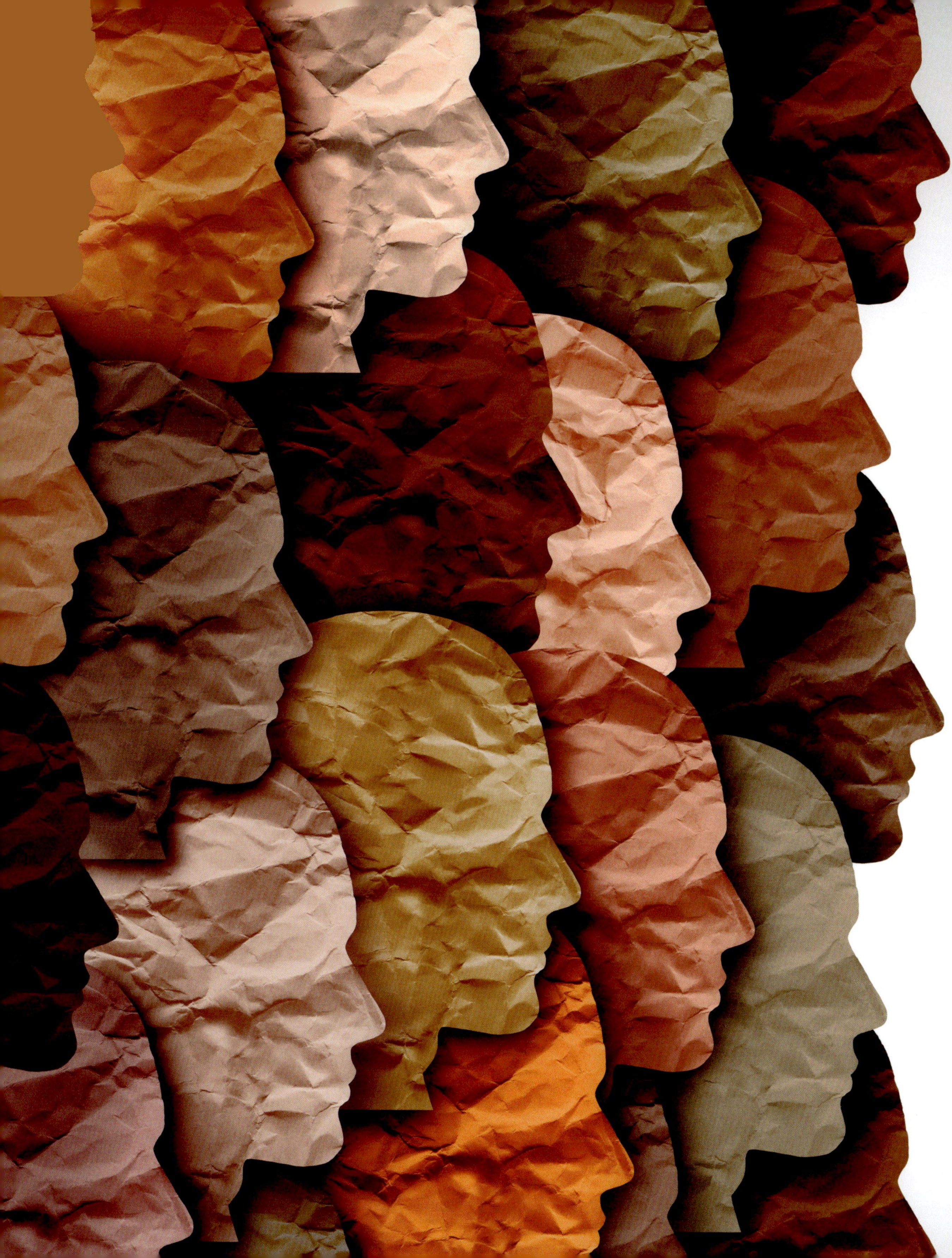

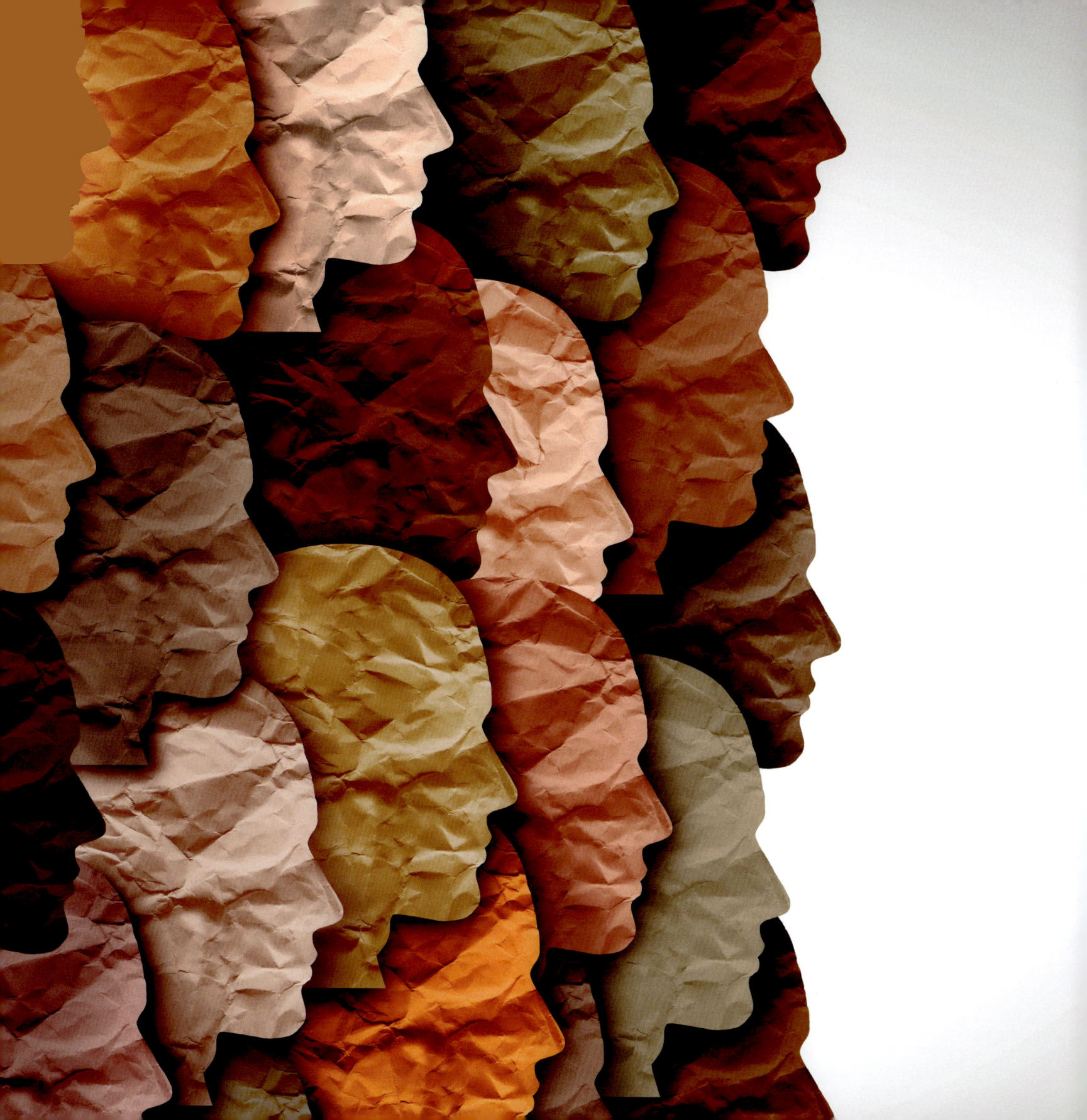

Moral, moralismo e direito

Publicado na *Folha de S. Paulo* em 24.10.2017.

Existe uma clara linha divisória, nem sempre percebida nitidamente, entre a moral e o moralismo. Aquela, grosso modo, revela um conjunto de valores e princípios que deve reger a conduta humana, variando no espaço e no tempo.

Todas as sociedades, em algum momento de sua história, adotaram determinadas normas de comportamento, não raro resultantes de práticas multisseculares, as quais reputaram essenciais para a convivência harmônica de seus integrantes.

Embora destituída de sanções materiais, a moral corresponde a um código de procedimentos que sujeita os transgressores à reprovação, velada ou explícita, dos membros da coletividade a que pertencem, acarretando, por vezes, a própria exclusão dos recalcitrantes de seu convívio.

Já o moralismo representa uma espécie de patologia da moral. Enquanto nesta há certo consenso das pessoas no tocante à distinção entre o certo e o errado, no moralismo alguns poucos buscam impor aos outros seus padrões morais singulares, circunscritos a certa época, religião, seita ou ideologia.

Os que discordam são atacados por meio de injúrias, calúnias ou difamações e até agressões corporais. No limite, são fisicamente eliminados. Paradoxalmente, quase sempre os moralistas deixam de praticar aquilo que exigem dos demais.

A ética, por sua vez, derivada da palavra grega traduzida por "bons costumes", corresponde a uma disciplina comportamental que estuda as escolhas morais sob o prisma da razão, com vistas a orientar as ações humanas na direção do bem comum.

O direito para alguns juristas, a exemplo do clássico Georg Jellinek (1851-1911), equivaleria a um "mínimo ético", isto é, a determinado número de preceitos morais considerados indispensáveis à sobrevivência pacífica de dado grupo social e transformados em lei.

No campo do direito, os moralistas expandem ou restringem esse conceito conforme lhes convém, interpretando as regras jurídicas segundo sua visão particular de mundo. Sobrevalorizam a "letra" da lei, necessariamente voltada ao passado, em detrimento do "espírito" da lei, que abriga interesses perenes.

Aplicam as normas legais fria e burocraticamente, trivializando a violência simbólica que elas encerram. Não hesitam em incorrer, proposital ou inconscientemente, no risco da "banalização do mal" de que nos falava a filósofa Hannah Arendt (1906-1975).

A crônica da humanidade é pródiga em desvelar o trágico fim de moralistas que empolgaram o poder e exercitaram aquilo que consideravam direito a seu talante. Basta lembrar a funesta saga do monge Girolamo Savonarola (1452-1498), o qual, com pregações apocalípticas, extinguiu o virtuoso capítulo do Renascimento florentino. Acabou seus dias ardendo numa fogueira.

Ou a do deputado jacobino Maximilien de Robespierre (1758-1794) que, durante a libertária Revolução Francesa, mandou executar arbitrariamente centenas de opositores reais ou imaginários. Terminou guilhotinado, abrindo caminho para Napoleão Bonaparte (1769-1821).

Quer tenham sobrevivido por mais tempo, quer tenham deixado a vida precocemente, os moralistas jamais foram absolvidos pela posteridade.

Reflexões sobre a intolerância

Publicado na *Folha de S. Paulo* em 26.11.2017.

Vivemos hoje em um mundo que nos causa profunda perplexidade em face da crescente perda de princípios e parâmetros em todos os planos da vida. Alguns atribuem esse assombro à chamada "pós-modernidade", expressão que ainda aguarda uma melhor definição por parte dos estudiosos.

Não obstante, ela identifica um novo modo de ser das pessoas, radicalmente distinto daquele que prevaleceu a partir da Era Moderna, surgida com o Iluminismo, por volta do século 17, perdurando até meados da centúria passada.

O espírito moderno tinha como nota distintiva a crença na razão e na ciência como vetor do progresso da humanidade. Já a atitude pós-moderna caracteriza-se por uma profunda desconfiança com relação a tudo e a todos e um permanente ceticismo quanto às verdades comumente aceitas.

As epistemologias que, desde os albores do modernismo, buscavam explicações abrangentes e sistemáticas para o universo, o homem e a sociedade passaram a ser sumariamente descartadas e substituídas por visões fragmentárias e efêmeras da realidade.

As pessoas deixaram de ter as comunidades afetivas, culturais, étnicas ou territoriais como pontos de referência, substituindo-as pelo individualismo, hedonismo, consumismo e niilismo.

As relações sociais, em consequência, passaram a caracterizar-se pela impessoalidade, fugacidade, fragilidade e ambiguidade.

Para certos observadores, tais transformações resultam dos efeitos perversos do processo de globalização, que, além de acentuar a divisão entre ricos e pobres, ensejou a adoção acrítica de valores alienígenas, artificiais e transitórios, não raro eivados de rancor e preconceito.

Na verdade, estes não passam de meros modismos, difundidos quase instantaneamente pela mídia e pela internet, os quais, mal absorvidos, são logo descartados e substituídos por outros.

O próprio Estado-Nação – principal centro de referência dos postulados humanistas, arduamente construídos pela civilização ocidental – também se encontra profundamente abalado diante dessa internacionalização desordenada, mostrando-se cada vez mais incapaz de proporcionar um mínimo de bem-estar aos seus jurisdicionados.

Em tal contexto, o pensador camaronês Achille Mbembe vaticina que as desigualdades tenderão a aprofundar-se por toda a parte, fazendo com que a velha luta de classes assuma, cada vez mais, a forma de racismo, sexismo, chauvinismo e nacionalismo.

O combate ao terrorismo, por sua vez, poderá servir de pretexto para desencadear uma batalha de extermínio contra povos e crenças, enfim, contra tudo aquilo que pareça diferente.

Prevê ainda o surgimento de uma espécie de *neodarwinismo* social, sob o qual reaparecerá o *apartheid*, travestido de distintos aspectos, dando azo a novos separatismos, à construção de mais muros, à militarização de fronteiras e ao aumento da repressão policial interna com graves danos à democracia liberal.

Ainda há tempo de evitarmos a barbárie anunciada, desde que empreendamos um esforço comum para substituir esse clima de ódio e intolerância – o qual se alastra como um vírus – por uma cultura de paz e fraternidade.

Proibição do retrocesso

Publicado na *Folha de S. Paulo* em 1º.2.2018.

Os direitos fundamentais, tal como os conhecemos, são produto de uma evolução multissecular. Têm como base a tradição judaico-cristã, a filosofia grega, a jurisprudência romana e a teologia medieval. Entretanto, só começaram a ganhar as feições atuais nas lutas contra o absolutismo monárquico, travadas ao longo do século 18, quando se consolidou a ideia de que os indivíduos possuem direitos inalienáveis e imprescritíveis, oponíveis ao Estado. Desde então, passaram a integrar as constituições dos países avançados, com destaque para o direito à vida, à liberdade, à igualdade e à propriedade, abarcando ainda o de votar e o de ser votado.

Logo na centúria seguinte, porém, constatou-se que a desigualdade resultante de um *laissez-faire* econômico extremado não permitiu que as massas trabalhadoras usufruíssem dos direitos formalmente inscritos nas constituições, levando a revoltas e motins por toda parte. Nesse contexto, desenvolveram-se os direitos sociais, de segunda geração, que compreendem, basicamente, o direito ao trabalho e a um salário mínimo, à limitação da jornada laboral, à proteção do menor e da gestante no serviço, bem assim o de fazer greve e formar sindicatos. Abrangem também o direito à saúde e à educação, ao amparo na velhice, na doença e no desemprego.

Com o incremento da globalização no século 20, surgiram os direitos de solidariedade ou fraternidade, de terceira geração. Incluem, entre outros, o direito à paz, à autodeterminação, ao desenvolvimento e ao meio ambiente, na maior parte contemplados em documentos internacionais. Hoje, alguns cogitam de uma quarta geração, ainda inominada, objetivando defender a intimidade, a privacidade e o patrimônio genético das pessoas contra o uso inapropriado da informática e da bioengenharia.

Independentemente da geração a que pertençam, milita a favor dos direitos fundamentais, em especial dos sociais, o princípio da proibição do retrocesso, plasmado no art. 30 da Declaração Universal dos Direitos do Homem de 1948, da ONU, cuja redação é a seguinte: "Nenhuma disposição da presente Declaração pode ser interpretada como o reconhecimento a qualquer Estado, grupo ou pessoa, do direito de exercer qualquer atividade ou praticar qualquer ato destinado à destruição de quaisquer dos direitos e liberdades aqui estabelecidos".

Em lição muito oportuna, considerada a quadra pela qual passamos, o jurista português Gomes Canotilho pontua que a "proibição do retrocesso nada pode fazer contra as recessões e crises econômicas [...], mas o princípio em análise limita a reversibilidade dos direitos adquiridos", sob pena de afronta aos postulados da legítima confiança e da segurança dos cidadãos.

Isso por que "o núcleo essencial dos direitos já realizado e efetivado através de medidas legislativas [...] deve considerar-se constitucionalmente garantido", sendo inconstitucional a sua supressão "sem a criação de outros esquemas alternativos ou compensatórios".

O princípio da proibição do retrocesso, portanto, impede que, a pretexto de superar dificuldades econômicas, o Estado possa, sem uma contrapartida adequada, revogar ou anular o núcleo essencial dos direitos conquistados pelo povo. É que ele corresponde ao mínimo existencial, ou seja, ao conjunto de bens materiais e imateriais sem o qual não é possível viver com dignidade.

Presunção de inocência

Publicado na *Folha de S. Paulo* em 9.2.2018.

As constituições modernas surgiram na esteira das revoluções liberais do século 18 como expressão da vontade do povo soberano, veiculada por seus representantes nos parlamentos.

Desde então, revestiram-se da forma escrita para conferir rigidez aos seus comandos, uma vez que foram concebidas como instrumentos para conter o poder absoluto dos governantes, inclusive dos magistrados.

Apesar de sua rigidez, logo se percebeu que as constituições não poderiam permanecer estáticas, pois tinham de adaptar-se à dinâmica das sociedades que pretendiam ordenar, sujeitas à permanente transformação. Se assim não fosse, seus dispositivos perderiam a eficácia, no todo ou em parte, ainda que vigorassem no papel.

Por esse motivo, passou-se a cogitar do fenômeno da mutação constitucional, que corresponde aos modos pelos quais as constituições podem sofrer alterações. Resumem-se basicamente a dois: um formal, em que determinado preceito é modificado pelo legislador ou mediante interpretação judicial; e outro informal, no qual ele cai em desuso por não corresponder mais à realidade dos fatos.

Seja qual for a maneira como se dá a mutação do texto constitucional, este jamais poderá vulnerar os valores fundamentais que lhe dão sustentação.

A Constituição Federal de 1988 definiu tais barreiras, em seu art. 60, 4º, denominadas cláusulas pétreas, a saber: a forma federativa de Estado; o voto direto, secreto, universal e periódico; a separação dos poderes; e os direitos e garantias individuais.

A presunção de inocência integra a última dessas cláusulas, representando talvez a mais importante das salvaguardas do cidadão, considerado o congestionadíssimo e disfuncional sistema judiciário brasileiro, no bojo do qual tramitam atualmente cerca de 100 milhões de processos a cargo de pouco mais de 16 mil juízes, obrigados a cumprir metas de produtividade pelo Conselho Nacional de Justiça.

Salta aos olhos que em tal sistema, o qual, de resto, convive com a intolerável existência de aproximadamente 700 mil presos, encarcerados em condições sub-humanas, dos quais 40% são provisórios, multiplica-se exponencialmente a possibilidade do cometimento de erros judiciais por magistrados de primeira e segunda instâncias.

Daí a relevância da presunção de inocência, concebida pelos constituintes originários no art. 5º, LVII, da Constituição em vigor, com a seguinte dicção: ninguém será considerado culpado até o trânsito em julgado de sentença criminal condenatória, o que subentende decisão final dos tribunais superiores.

Afigura-se até compreensível que alguns magistrados queiram flexibilizar essa tradicional garantia para combater a corrupção endêmica que assola o país.

Nem sempre emprestam, todavia, a mesma ênfase a outros problemas igualmente graves, como o inadmissível crescimento da exclusão social, o lamentável avanço do desemprego, o inaceitável sucateamento da saúde pública e o deplorável esfacelamento da educação estatal, para citar apenas alguns exemplos.

Mesmo aos deputados e senadores é vedado, ainda que no exercício do poder constituinte derivado do qual são investidos, extinguir ou minimizar a presunção de inocência.

Com maior razão não é dado aos juízes fazê-lo por meio da estreita via da interpretação, pois esbarrariam nos intransponíveis obstáculos das cláusulas pétreas, verdadeiros pilares de nossas instituições democráticas.

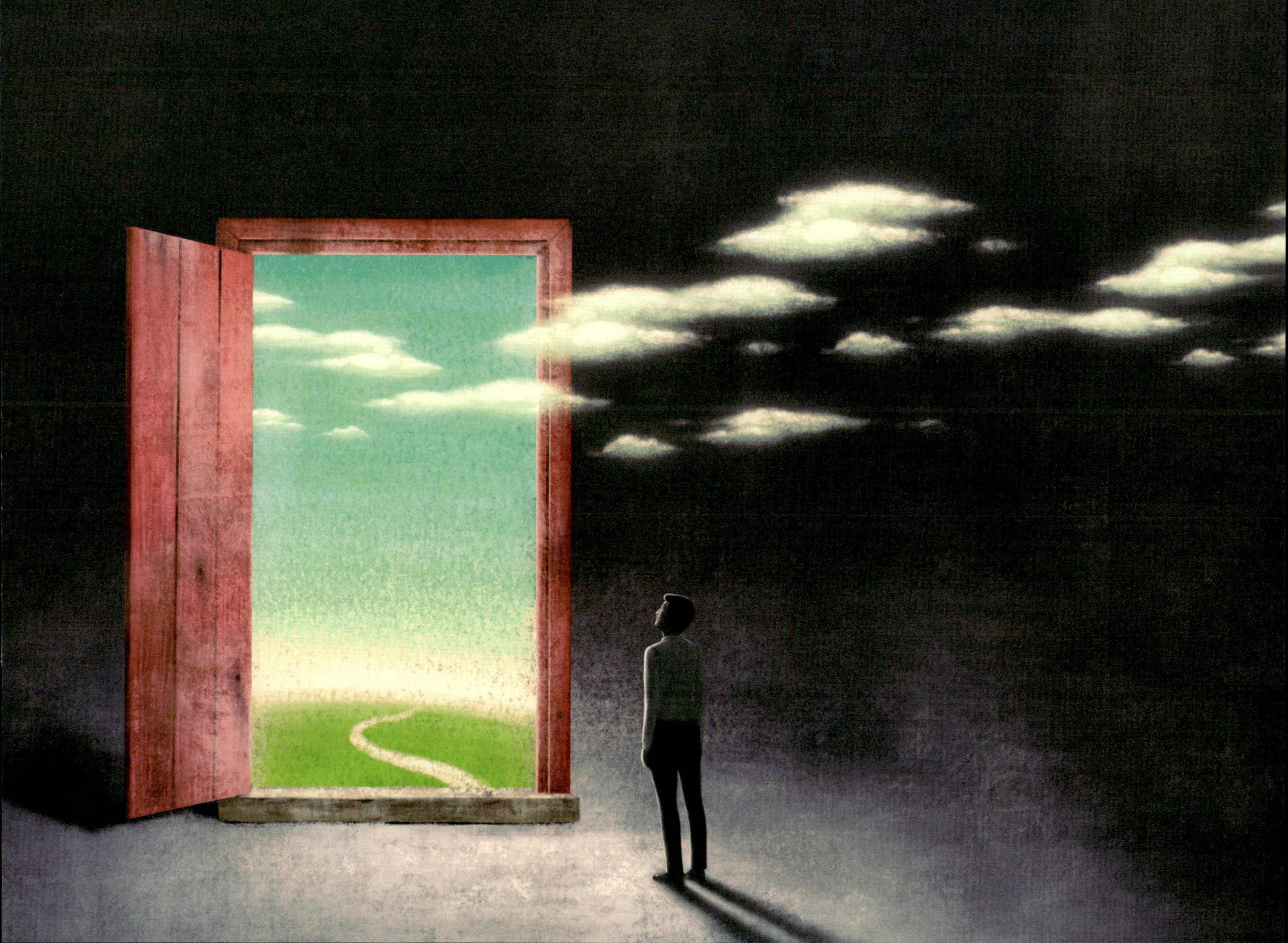

Direito como tópica

Publicado na *Folha de S. Paulo* em 10.4.2018.

A crescente imprevisibilidade das decisões proferidas por juízes e tribunais vem alimentando uma visível descrença no Poder Judiciário. Esse fato traz de volta uma velha questão: o direito, afinal, é uma ciência ou simples técnica retórica? A resposta a essa pergunta tem suscitado acaloradas discussões ao longo de várias gerações de juristas.

Tal debate não se colocava ao tempo dos antigos romanos. O direito para eles tinha um cunho objetivo e eminentemente prático, sendo empregado como instrumento para consolidar a paz social, inclusive nos vastos territórios que conquistaram.

Após a queda do Império Romano, a jurisprudência latina incorporou os usos e costumes dos chamados povos bárbaros, dando origem a um sistema híbrido, que mesclava leis escritas e práticas ancestrais, o qual perdurou por toda a Idade Média.

Com a prevalência dos ideais iluministas, surgiram as primeiras constituições, concebidas para enquadrar o poder político, e também as grandes codificações, destinadas a racionalizar a intrincada legislação que sobreviveu à época medieval. Na crença de que esses novos textos esgotavam todo o direito, exigiu-se dos juízes que fossem aplicados literalmente, sendo-lhes vedada qualquer interpretação.

Com o aprofundamento da Revolução Industrial, as sociedades tornaram-se mais complexas e dinâmicas, ficando logo evidente que os diplomas legais recém-editados não logravam abarcar a totalidade do direito. Como era de se esperar, passaram a apresentar inúmeras lacunas, que tiveram de ser preenchidas mediante o emprego da analogia e de outros expedientes.

Várias escolas de hermenêutica então se sucederam. Algumas tentaram resgatar a imperatividade das leis escritas, a exemplo da positivista, cujo maior expoente foi o austríaco Hans Kelsen (1881-1973). Outras, de índole relativista, ao contrário, buscaram ampliar a criatividade dos juristas, como aquela chefiada pelo alemão Theodor Viehweg (1907-1988).

Viehweg repudiava o tradicional método interpretativo consistente em subsumir fatos a normas previamente selecionadas, segundo um raciocínio lógico-formal. É que ele concebia o direito como uma tópica, cujo significado somente poderia ser desvendado caso a caso, por meio de uma argumentação pontual. Seus críticos não demoraram a concluir que tal concepção, levada a extremos, geraria uma enorme insegurança.

Parece que hoje alguns magistrados, sobretudo os que atuam na área penal, voltaram a considerar o direito uma mera tópica, da qual é possível extrair qualquer resultado. E o fazem pela adoção desabrida de teorias estrangeiras, em especial germânicas e anglo-saxônicas, quase sempre incompatíveis com a nossa tradição pretoriana, que extrai o direito essencialmente de fontes formais.

Chegou a hora de colocarmos um paradeiro nessa indesejável relativização do direito, a qual tem levado a uma crescente aleatoriedade dos pronunciamentos judiciais, retornando-se a um positivismo jurídico moderado, a começar pelo estrito respeito às garantias constitucionais, em especial da presunção de inocência, do devido processo legal, do contraditório e da ampla defesa, com os meios e recursos a ela inerentes.

Freios e contrapesos

Publicado na *Folha de S. Paulo* em 23.5.2018.

Platão, discípulo de Sócrates, viveu em Atenas, na Grécia Antiga, entre 428 e 347 a.C. Tido como o pai da filosofia ocidental, dedicou a vida ao estudo da verdade, coragem e virtude. Para muitos, suas especulações mais impactantes foram as devotadas à boa administração do Estado.

Descontente com a democracia ateniense, a qual considerava responsável pela condenação de Sócrates à morte, considerava-a dominada por massas anárquicas que estimulavam a desordem e licenciosidade. Identificou-a com uma nau cujos marinheiros depuseram o capitão, passando a pilotá-la sem dominar a arte de navegar. Propôs então que os governos fossem exercidos por reis-filósofos, melhor preparados intelectualmente para deliberar acerca dos interesses da coletividade.

Centúrias depois, o pensador francês Montesquieu concebeu, no século 18 de nossa era, a teoria da separação dos poderes, segundo a qual o Estado, para impedir a concentração da autoridade em uma só pessoa ou assembleia, dando azo ao despotismo, deveria exercer suas três funções clássicas, a legislativa, administrativa e judiciária, por meio de órgãos distintos, que se controlariam reciprocamente. Tal sistema foi abrigado na Constituição dos Estados Unidos de 1787, passando a ser conhecido como mecanismo de freios e contrapesos. Nossas cartas republicanas, salvo as editadas nos períodos de exceção, adotaram esse paradigma, assim como a hoje vigente, que estabelece: "são poderes da União, independentes e harmônicos entre si, o Legislativo, o Executivo e o Judiciário".

Apesar disso, seja por não lograrem os consensos necessários, seja por outras razões que estão a exigir uma análise mais aprofundada, o Legislativo e Executivo têm deixado para o Judiciário, especialmente o Supremo Tribunal Federal, a solução de questões que, por sua relevância, mais bem seriam resolvidas por aqueles poderes, depois de ampla discussão com a sociedade.

A Suprema Corte, para o bem ou para o mal, recentemente foi levada a decidir sobre a descriminalização do aborto de fetos anencéfalos, a autorização de pesquisas com células-tronco embrionárias humanas, a proibição do financiamento empresarial de campanhas eleitorais, a vedação de greve no serviço público, a legitimidade das cotas raciais no ensino estatal, a extensão dos direitos da união estável de casais heterossexuais aos parceiros homoafetivos, o estabelecimento de um marco temporal para a delimitação de terras tradicionalmente ocupadas por indígenas, a retroação dos efeitos da denominada "Lei da Ficha Limpa", a possibilidade da mudança de nome das pessoas transgênero, a restrição da garantia da presunção de inocência, a limitação do *habeas corpus* e o fim do foro especial para os parlamentares.

Certos observadores mais comedidos entendem que os juízes, ao apreciarem temas de tal envergadura, estariam apenas preenchendo, embora de forma heterodoxa, um momentâneo vácuo de poder. Outros mais irreverentes identificam-nos com os reis-filósofos preconizados por Platão. Todos, no entanto, são unânimes em afirmar que, por mais bem-intencionados que sejam, não lhes é lícito alterar, pela via interpretativa, o sentido da Constituição e das leis que juraram defender.

Por isso muitos pugnam pela integral restauração do mecanismo de freios e contrapesos, que tradicionalmente integra nosso regramento constitucional, temendo que algum desavisado cogite da dissolução do Legislativo e Executivo ou, até mesmo, da abolição das eleições.

Soberania nacional e ativos estratégicos

Publicado na *Folha de S. Paulo* em 27.6.2018.

A Constituição vigente, logo no art. 1º, consigna que o principal fundamento da República Federativa do Brasil é a soberania. Trata-se de conceito desenvolvido de forma pioneira pelo jurista francês Jean Bodin (1530-1596), no século 16, que serviu de base para a consolidação dos Estados Nacionais então nascentes.

Segundo Bodin, a soberania constitui um poder que não conhece outro superior no plano internacional, nem igual na ordem interna. O conceito foi desenvolvido originalmente para legitimar o poder dos monarcas absolutistas na Europa, correspondendo hoje à expressão da vontade do povo, vocalizada por meio de representantes eleitos ou, diretamente, mediante determinados mecanismos como plebiscitos e referendos.

A soberania é, por definição, um poder incontrastável que só encontra limites na lei. No domínio externo, é sinônimo de independência; na esfera doméstica, equivale à supremacia. Segundo os teóricos, trata-se de um elemento essencial do Estado, sem o qual ele não sobrevive. Se vier a perdê-la ou, de alguma forma, permitir que fique esvaziada, deixará de ser um ente político autônomo, passando à condição subalterna de mera colônia de outra potestade.

Mas a existência do Estado – identificado com o monstro bíblico Leviatã por Thomas Hobbes (1588-1679) – só se justifica na medida em que seu enorme poder seja empregado em prol do bem comum do povo, que vive sob sua proteção, em dada extensão de terra na superfície do planeta.

O domínio que o Estado exerce sobre o seu território não se limita apenas ao solo propriamente dito, mas abarca também o subsolo, além de compreender o espaço aéreo e o denominado mar territorial, incluindo ainda todos os bens que neles se encontram.

Alguns desses bens são de caráter estratégico, essenciais para a própria sobrevivência do Estado, enquanto entidade soberana, a exemplo da fauna, da flora – especialmente da biodiversidade que abrigam –, das terras agriculturáveis, das jazidas minerais, dos mananciais de água e dos potenciais energéticos.

A transferência do controle desses recursos a estrangeiros ou mesmo a nacionais, sem garantias sólidas de que sejam rigorosamente empregados em prol do interesse coletivo, acaba por minar os próprios fundamentos da soberania, não raro de forma irreversível.

Internacionalizar ou privatizar ativos estratégicos não se reduz apenas a uma mera opção governamental, de caráter contingente, ditada por escolhas circunstanciais de ordem pragmática. Constitui uma decisão que se projeta no tempo, configurando verdadeira política de Estado, a qual, por isso mesmo, deve ser precedida de muita reflexão e amplo debate, pois suas consequências têm o condão de afetar o bem-estar das gerações presentes e até a própria sobrevivência das vindouras.

Crise econômica e autoritarismo

Publicado na *Folha de S. Paulo* em 8.8.2018.

O Estado de bem-estar social, concebido no final da Segunda Guerra Mundial com o propósito de concretizar os postulados humanistas da civilização ocidental, sobretudo os valores liberdade e igualdade, vem sendo paulatinamente desmantelado. Na verdade, o próprio Estado-Nação, consolidado com a Paz de Vestfália de 1648, vê sua soberania erodida dia a dia, particularmente quanto ao poder de decisão em matéria econômica.

Esse desmonte do Estado vestfaliano deve-se primordialmente ao processo de globalização, intensificado em meados do século passado, correspondendo, em sua essência, a uma intensa circulação de bens, serviços, capitais e tecnologias através das fronteiras nacionais, tornada possível pelo extraordinário avanço das comunicações e dos transportes.

Um dos grandes problemas desse processo é a livre circulação de capitais especulativos, que não têm qualquer compromisso com os negócios produtivos dos países hospedeiros. São recursos aplicados com fins especulativos em ativos adquiridos a preços vis ou papéis de curtíssimo prazo, vendidos ao menor sinal de instabilidade política ou econômica. Esse trânsito desembaraçado de capitais, denominado por alguns de Cassino Global, passou a gerar crises financeiras mundiais, que se sucedem em ciclos repetitivos.

Interessantemente, começam a surgir reações a tal modelo. O Brexit, ou seja, a decisão da Grã-Bretanha de retirar-se da União Europeia, aliada à retórica isolacionista do atual Presidente dos Estados Unidos, bem como a volta da xenofobia e do populismo no Velho Mundo, somadas ainda ao reaparecimento de um nacionalismo retrógrado e excludente adotado por alguns governantes, parecem sugerir que se está diante de uma espécie de desglobalização, cujos efeitos são tão deletérios quanto aqueles causados pelo fenômeno reverso.

Cada vez mais distintas nações passam a defender seus produtos erigindo barreiras tarifárias e não tarifárias a bens importados, além de colocar obstáculos ao crescente fluxo de estrangeiros e migrantes – tangidos de seus lares por dificuldades econômicas, catástrofes ambientais e guerras regionais – buscando proteger o emprego dos trabalhadores locais. Com a queda dos investimentos e do consumo, aprofunda-se a crise, gerando mais desemprego e miséria.

A atual ordem (ou desordem) mundial, longe de configurar uma situação de anomia passageira, aparenta corresponder ao modo de funcionamento normal, embora irracional, da economia de nosso tempo. Constitui terreno fértil para o aparecimento de lideranças autoritárias dos mais variados matizes ideológicos, armadas de uma retórica intolerante e repressora.

Como panaceia contra essa crise generalizada, preconizam uma desidratação ainda maior do Estado, exceto no campo da segurança interna, com uma severa redução de benefícios sociais, em especial nas áreas de saúde, educação e previdência, como também uma radical privatização dos serviços públicos, mesmo os considerados essenciais, cujas consequências atingem com cruel intensidade precisamente os mais pobres.

A propósito, em recente entrevista publicada no jornal Ragusa News, Giorgio Agamben ressalta: "'Crise' e 'economia' atualmente não são usadas como conceitos, mas como palavras de ordem, que servem para impor e para fazer com que se aceitem medidas e restrições que as pessoas não têm motivo algum para aceitar". E acrescenta: "'Crise' hoje em dia significa simplesmente 'você deve obedecer!'".

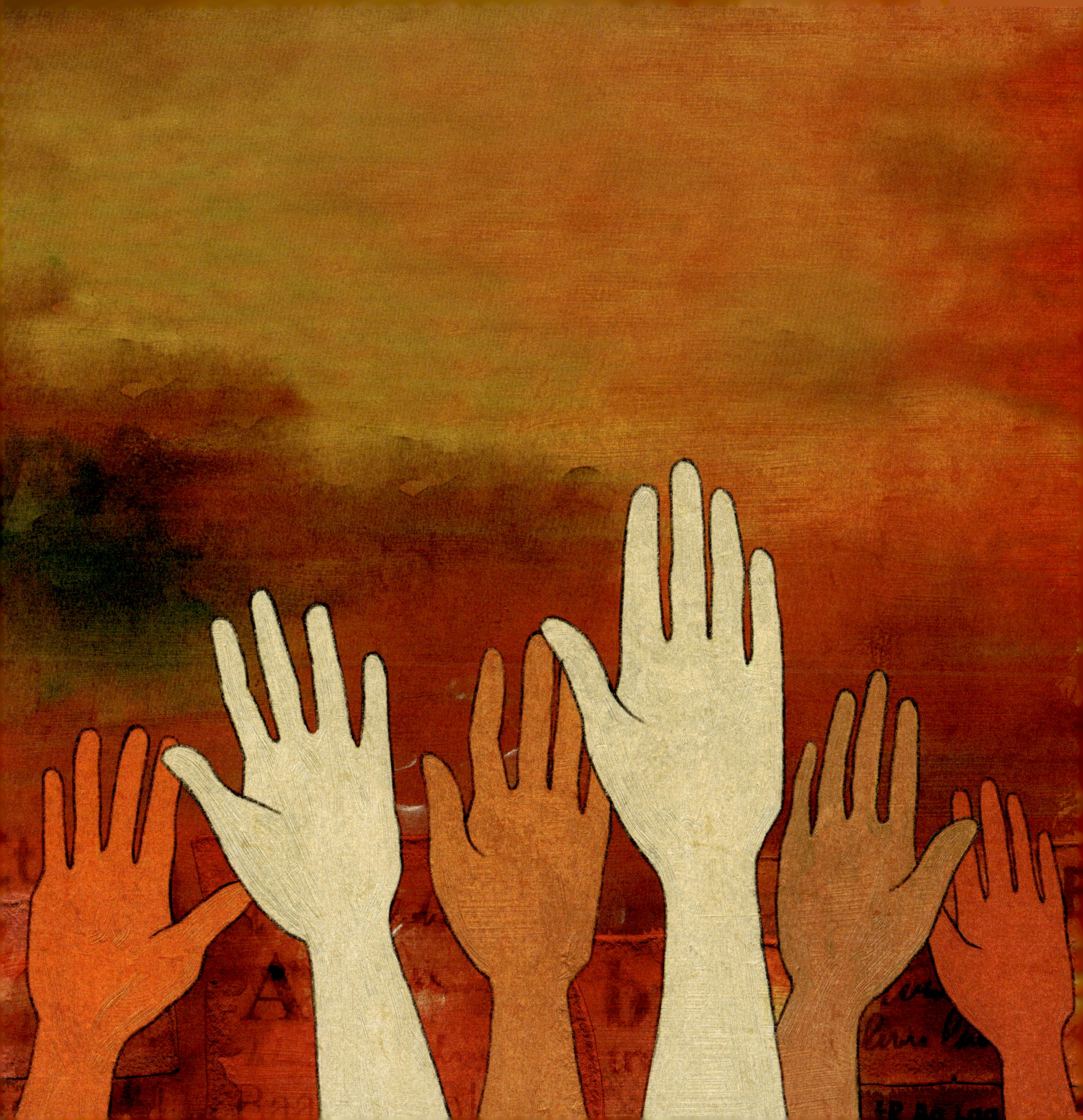

Pureza Fatal

Publicado na *Folha de S. Paulo* em 4.10.2018.

Ruth Scurr, historiadora e crítica literária inglesa, em seu instigante livro *Pureza Fatal*, convida os leitores a uma reflexão sobre o destino daqueles que, no exercício do poder ou de uma parcela dele, se arrogam o papel de paladinos da virtude.

A autora traça a biografia de Maximilien de Robespierre (1758-1794), um dos principais líderes da Revolução Francesa do fim do século 18, que se tornou uma das figuras históricas mais controversas da era moderna.

A obra reconstitui a vida daquele modesto advogado provinciano que, em meio ao turbilhão político resultante da derrubada da monarquia absolutista e seu séquito de aristocratas decadentes, se transformou num implacável perseguidor daqueles que considerasse venais ou antirrevolucionários, enviando-os sem titubear para a guilhotina.

Denominado pelos admiradores de "incorruptível", tinha poucos amigos, era circunspecto e arredio. Embora não conste que tenha sido subornado, terminou corrompido pela soberba e vaidade. Sua dramática trajetória retrata as contradições do próprio movimento revolucionário, que com mão de ferro conduziu por um breve e tormentoso período.

Integrante da facção dos jacobinos, a ala mais radical dos insurgentes, empenhou sua vigorosa eloquência para defender a condenação do Rei Luís XVI à morte. Consolidou seu domínio instituindo o Comitê de Salvação Pública e a *longa manus* deste, o Tribunal Revolucionário, instrumentos que empregou para perseguir adversários, nos quais se incluíam os girondinos, de postura menos extremada.

Foi responsável pela instauração do Terror, regime sob o qual milhares de pessoas foram guilhotinadas, inclusive Georges Danton (1759-1794), um dos principais dirigentes do levante, porém mais conciliador.

Acabou destituído pela força e, em seguida, decapitado a mando de seus inimigos e antigos correligionários, fartos das arbitrariedades que perpetrou.

Os meritórios ideais que inspiraram os revolucionários franceses, expressos no lema "liberdade, igualdade e fraternidade", depois manipulados para combater supostos desvios éticos, foram logo suprimidos pelo jovem e ambicioso General Napoleão Bonaparte (1769-1821), o qual instaurou uma ditadura, aplaudida pelo povo, cansado dos intermináveis expurgos promovidos pelos jacobinos e também receoso do retorno da nobreza deposta.

Após diversas conquistas militares que desestabilizaram a Europa, Napoleão foi derrotado por uma coalizão de países, liderados pela Inglaterra, sendo preso e exilado na ilha de Santa Helena, onde acabou morrendo longe de tudo e de todos.

A lição extraída pelos estudiosos dessa singular época de desmandos e desatinos, cometidos a pretexto de restaurar a moral e os bons costumes, é que os puritanos de plantão quase sempre são substituídos por outros, autoproclamados salvadores da pátria. Já a normalidade institucional só é reconstituída após muitas lutas e provações, que não raro se estendem por várias gerações.

Oxalá possa o Brasil escapar desse fatídico vaticínio e trilhar, com desassombro, os rumos da plenitude democrática, cujo pressuposto é a livre manifestação da vontade popular, única legitimada para estabelecer os valores que balizam os rumos da nação.

Democracia na atualidade

Publicado na *Folha de S. Paulo* em 4.12.2018.

Nesta quadra difícil pela qual passam o país e o mundo, em que a violência real ou simbólica contra supostos inimigos e aqueles que pareçam diferentes cresce dia a dia, potencializada por ódios e incompreensões de toda espécie, é preciso retomar a discussão acerca da democracia.

Embora do ponto de vista etimológico signifique simplesmente governo do povo, ela expressa uma ideia muito mais densa, plasmada que foi por lutas multisseculares contra a tirania e a opressão.

Alguns, ainda apegados a concepções do século 18, a definem como um regime que limita o exercício do poder. Outros, buscando aperfeiçoar sua prática, a fazem corresponder a certo modo de governar ou escolher os governantes.

Dalmo Dallari, revisitando o tema, identifica três questões que merecem ser mais bem debatidas. Primeira: como fazer com que prevaleça efetivamente a supremacia da vontade do povo? Segunda: como evitar que a liberdade preponderes sobre a igualdade ou vice-versa? Terceira: como evitar que a democracia seja identificada com determinada forma ou sistema de governo?

Quanto à primeira, constata-se que continua necessário aprimorar os instrumentos legais e políticos existentes para garantir a livre expressão e manifestação da vontade dos cidadãos. Não basta apenas assegurar o voto direto, secreto, universal e periódico, sendo essencial resguardá-lo contra quaisquer interferências espúrias, especialmente as levadas a efeito pelas hoje onipresentes mídias eletrônicas, ressalvada a legítima divulgação de dados e opiniões.

No tocante à segunda, sabe-se que tanto a liberdade ilimitada usufruída só pelos economicamente privilegiados, tal como a igualdade levada a extremos em favor dos menos aquinhoados terminam por sufocar uma das duas. A história evidencia que o aumento desmedido de um desses valores ocorre sempre em detrimento do outro, cumprindo encontrar-se um meio-termo entre ambos.

Com referência à última, a experiência mostra que monarquias ou repúblicas, bem assim parlamentarismos ou presidencialismos, são equivalentes em virtudes e defeitos, revelando-se mais ou menos compatíveis com os ideais democráticos a depender do local ou momento em que vigoram. O mesmo ocorre com as distintas metodologias eleitorais, que se resumem a técnicas alternativas de captação do sufrágio popular.

Por essas razões, quem cogita de democracia atualmente, seja qual for a respectiva inclinação ideológica, há de ter como ponto de partida a plena fruição dos direitos fundamentais, compreendidos em suas várias gerações ou dimensões; a saber, direitos individuais e sociais, além dos denominados direitos de fraternidade ou solidariedade, entre os quais sobressai a defesa do meio ambiente.

Democracia assim entendida abrange ainda o princípio da proibição do retrocesso, contemplado na Declaração Universal dos Direitos do Homem de 1948, promulgada pela ONU, a qual enumera – mas não esgota – as franquias essenciais para uma convivência minimamente civilizada entre as pessoas, sobretudo em se tratando da proteção de minorias e grupos vulneráveis.

Limites às reformas

Publicado na *Folha de S. Paulo* em 4.2.2019.

Possivelmente um dos filósofos que melhor captaram a natureza cambiante da realidade foi o pré-socrático Heráclito de Éfeso (535-475 a.C.), para quem tudo flui, tudo se transforma. Ninguém pode penetrar duas vezes no mesmo rio, dizia. Foi o primeiro que disseminou no Ocidente a ideia de um mundo em perpétuo movimento, opondo-se a Parmênides de Eleia (530-460 a.C.), seu contemporâneo, o qual defendia a imutabilidade essencial do ser.

Desde então, os conceitos de mudança e permanência, aparentemente antagônicos, porém dialeticamente complementares, fomentaram acerbadas disputas entre os pensadores.

Em que pese essa discussão multissecular, ninguém duvida que também os ordenamentos jurídicos estejam sujeitos a uma contínua mutação, porquanto repousam sobre fatos e valores que, por definição, se encontram em constante transformação. Caso as normas legais permanecessem estáticas, logo se tornariam obsoletas e perderiam a eficácia.

Alguns juristas franceses alimentaram, no século 19, a ilusão de que os cânones do Código Civil Napoleônico

– tidos como definitivos – perdurariam para sempre. Todavia sonharam em vão, eis que as engrenagens da história, em permanente movimento, logo demonstraram o contrário.

Em contrapartida, sabe-se que as leis não podem sofrer alterações a todo momento, pois esvaziariam sua própria razão de ser, qual seja a de conferir estabilidade às relações sociais. Como então conciliar o inexorável fenômeno da mudança periódica das leis com a necessidade – não menos imperiosa – de lhes conferir uma permanência condizente com os princípios universais da segurança jurídica e legítima confiança?

A técnica legislativa de há muito tem respondido à tal questão inserindo nas Constituições, no momento mesmo de sua elaboração, um rol de valores reputado intangível pelos constituintes originários, que representa um limite intransponível ao poder reformador dos legisladores subsequentes. Em outras palavras, a estes é permitido alterar livremente a legislação constitucional e ordinária desde que não ultrapassem aquela barreira.

Entre nós, tal núcleo duro – verdadeiro pilar sobre o qual se sustenta a Constituição de 1988 – é representado pelas denominadas "cláusulas pétreas", arroladas em seu art. 60, §4º, as quais correspondem às seguintes: forma federativa de Estado; voto direto, secreto, universal e periódico; separação de poderes; direitos e garantias individuais, que incluem as franquias abrigadas em tratados internacionais.

No Brasil, candidatos em campanha, como regra, comprometem-se a "mudar tudo aquilo que está aí". Depois de eleitos, contudo, não obstante o amplo mandato conferido pelo sufrágio popular, acabam esbarrando nas cláusulas pétreas que os impedem, por exemplo, de restringir as competências ou rendas de estados e municípios, a livre expressão da vontade dos cidadãos nas urnas, a autonomia do Legislativo ou Judiciário, bem como de malferir direitos adquiridos, atos jurídicos perfeitos e situações consolidadas por decisões transitadas em julgado.

Se ainda assim o Congresso Nacional, por eventual erro de avaliação, aprovar medidas desse jaez, incumbirá ao Supremo Tribunal Federal recompor a ordem constitucional vulnerada.

Autonomização das corporações

Publicado na *Folha de S. Paulo* em 6.5.2019.

No ano de 476, o chefe bárbaro Flávio Odoacro invadiu a capital do Império romano do Ocidente, provocando seu colapso. O território imperial, cuja extensão abarcava quase todo o mundo conhecido à época, fracionou-se em múltiplos pedaços, logo ocupados por distintas forças que passaram a dominar os diversos povos antes submetidos a um comando central.

Tem início então a Idade Média, que perdurou até 1453, data da tomada de Constantinopla pelos turcos otomanos, período caracterizado por uma extraordinária pulverização do poder. Ao longo de quase mil anos prevaleceu aquilo que Georg Hegel (1770-1831) denominou "poliarquia", correspondendo a uma multiplicidade de ordens e jurisdições, a exemplo de reinos, feudos, comunas, guildas, prelazias e irmandades em permanente disputa pela autossuficiência, emancipação ou supremacia.

Com o advento do Estado Moderno, nos estertores do medievo, a autoridade voltou a concentrar-se. Primeiramente, nas mãos de monarcas absolutistas, que a exerceram sem quaisquer limites. Depois, como consequência das revoluções liberais do século 18, viu-se enquadrada por normas constitucionais. E para evitar o ressurgimento de autocracias, foi repartida, por inspiração do barão de Montesquieu (1689-1755), entre três poderes independentes, Legislativo, Executivo e Judiciário, cada qual representando, no desempenho de suas atribuições, uma parcela da soberania popular.

Nos dias atuais, contudo, esse tradicional modelo de governança, concebido para funcionar como um sistema de freios e contrapesos, especialmente para impedir abusos por parte de agentes públicos, começa a ser colocado em xeque, não apenas no Brasil como em outros países, pelo ressurgimento de uma nova e perniciosa fragmentação do poder, em que distintas corporações – consideradas no seu sentido lato – ensaiam uma espécie de retorno à poliarquia de antanho.

Já no começo da centúria passada, Max Weber (1864-1920) anteviu tal fenômeno, vaticinando uma preocupante expansão dos estamentos burocráticos, sobretudo estatais, com o potencial de colocar em risco a própria ordem democrática. Advertia que o "poder da burocracia [...] é sempre muito forte", acrescentando que ela "procura aumentar ainda mais essa superioridade [...] ao guardar segredo sobre seus conhecimentos e intenções".

Mais recentemente, Claude Lefort (1924-2010), outro estudioso do tema, observou que a burocracia não constitui simplesmente uma forma de organização social, configurando antes um modo particular de dominação, que tende a expandir-se em momentos de crise política. Essa dominação se expressa não apenas nos micropoderes dos burocratas de pequeno e médio escalão, mas especialmente no macropoder de seus hierarcas, cuja atuação é pautada por um projeto de autopreservação e contínuo fortalecimento.

Entre nós, certos estamentos, na acepção sociológica da palavra, como ministérios públicos, tribunais de contas, polícias em geral, guardas municipais, agências reguladoras, repartições fazendárias, órgãos fiscalizadores, setores do funcionalismo e até mesmo segmentos da magistratura, nos últimos tempos, vêm ampliando sua atuação, sem maiores resistências, para muito além das respectivas esferas de competência, mediante diferentes pretextos, transmudando-se em verdadeiros – embora anômalos – atores políticos.

Na esteira das conjecturas de Weber e Lefort, é possível constatar que hoje a hipertrofia de algumas dessas corporações mostra-se cada vez mais evidente, permitindo entrever que elas, ou ao menos parte delas, no limite, almejam a completa autonomização. Cumpre aos poderes constituídos – os quais ainda se resumem aos três originalmente idealizados por Montesquieu – tornar a inseri-las nos lindes de onde têm extrapolado com inusitada desenvoltura, sob pena de chegar-se a um indesejável esgarçamento institucional.

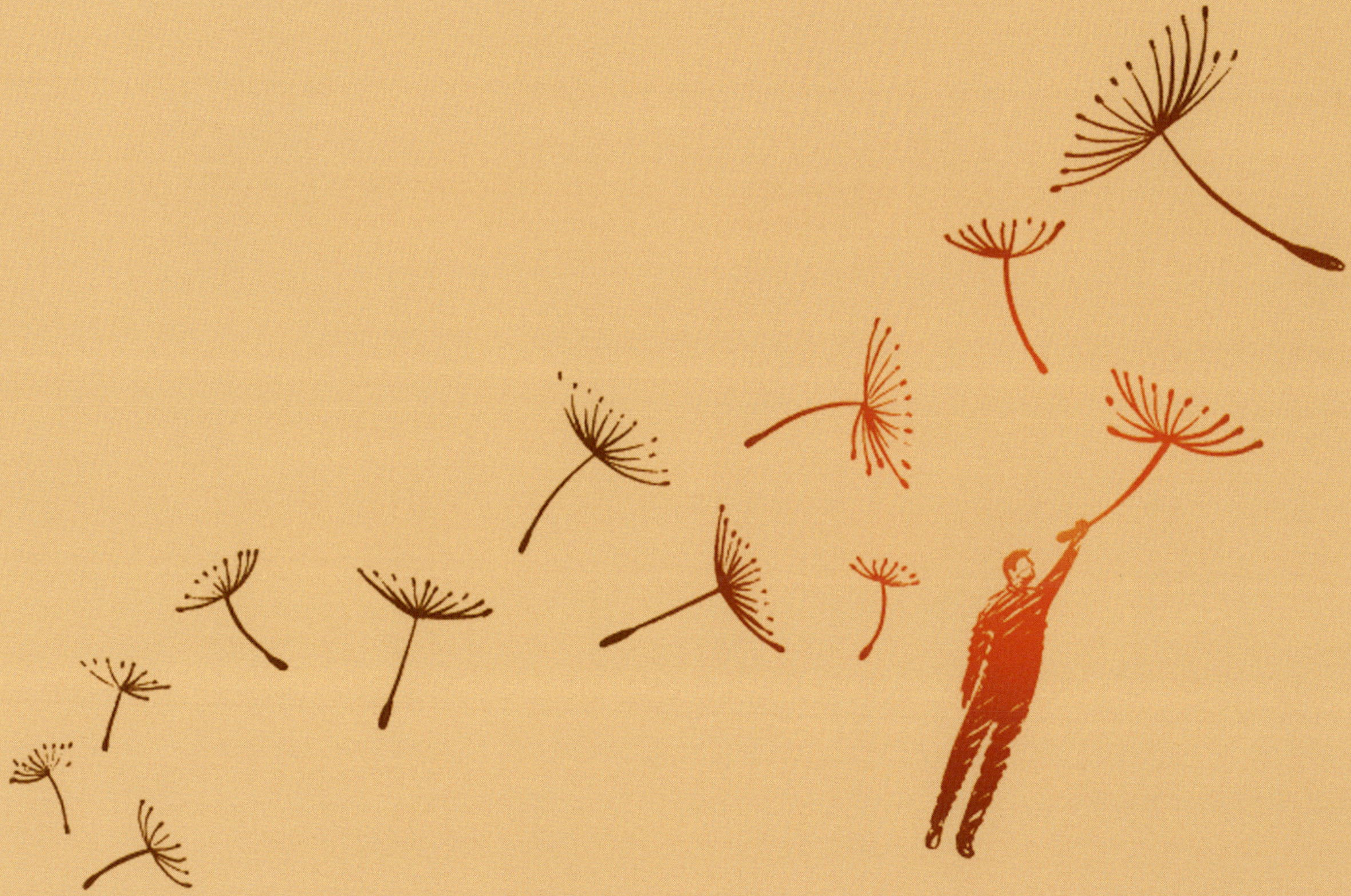

Prisão automática

Publicado na *Folha de S. Paulo* em 26.6.2019.

O pensador setecentista italiano Cesare Beccaria, pioneiro da criminologia moderna, advertia seus coetâneos que as sanções penais devem ser aplicadas com a máxima parcimônia, limitadas sempre à manutenção daquilo que chamava de "depósito de salvação pública". Para ele, qualquer punição "que desse fundamento se afaste constitui abuso e não justiça; é um poder de fato e não de direito; constitui usurpação e jamais poder legítimo".

A partir dessa concepção desenvolveu-se no direito penal o dogma, abrigado nas constituições das nações civilizadas, inclusive na nossa, segundo o qual não há crime nem pena sem prévia e expressa previsão legal. E mais: cristalizou-se a noção de que os magistrados são obrigados a motivar as respectivas decisões objetivamente com fundamento na lei, sendo-lhes proibido arrimá-las apenas em sua vontade pessoal.

Interessantemente, o decreto de 9.10.1789, editado na França revolucionária para reformar a legislação processual penal, já impedia que as decisões condenatórias fossem motivadas de modo genérico, vedando aos juízes e tribunais o emprego da fórmula abstrata *pour les cas résultants du procès*, isto é, "em razão do que resulta do processo".

Esse conceito foi incluído em nossa Carta Política com a seguinte dicção: "ninguém será preso senão em flagrante delito ou por ordem escrita e fundamentada de autoridade judiciária competente". Em complemento, consta do Texto Magno que "todos os julgamentos serão públicos, e motivadas todas as decisões, sob pena de nulidade", sobretudo em atenção à exigência constitucional de individualização da pena.

A necessidade de motivação idônea dos mandados de prisão configura condição de validade destes na maioria dos ordenamentos legais democráticos. É que a obrigação imposta aos juízes de explicitar as razões que os levaram a determinar a segregação de alguém do convívio social permite que as instâncias jurisdicionais superiores controlem a legitimidade das detenções, particularmente à luz dos critérios da razoabilidade e proporcionalidade.

Não obstante, setores do Judiciário e do Ministério Público, embalados na bandeira do combate à corrupção, que identificam como mal prioritário a ser erradicado no país, passaram a preconizar a decretação automática da prisão provisória, depois do julgamento de segundo grau, antes do trânsito em julgado da sentença condenatória, com base tão somente na jurisprudência ou em súmulas de tribunais, sem qualquer referência à situação concreta dos atingidos pela medida estatal extrema.

Com isso, não apenas contornam as cristalinas disposições legais que regem a matéria, as quais são fruto de renhidas lutas travadas ao longo da história contra o absolutismo e a autocracia, como também dispensam os magistrados – especialmente protegidos pelos predicamentos da vitaliciedade, inamovibilidade e irredutibilidade de vencimentos – de assumir o grave e intransferível ônus funcional de privar uma pessoa de sua liberdade.

A prosperar esse entendimento, que representa um insofismável retrocesso institucional, o próximo passo será delegar essa sensível atribuição, inerente ao elevado múnus desempenhado pelos juízes, a computadores ou serventuários dotados de carimbos padronizados, ensejando assim que as prisões sejam decretadas sem maiores delongas ou formalidades.

Justiça Eleitoral *versus* *fake news*

Publicado na *Folha de S. Paulo* em 13.8.2019.

Antes da criação da Justiça Eleitoral no Brasil em 1932, que resultou de um movimento nacional pela moralização dos costumes políticos, as disputas eleitorais eram totalmente destituídas de transparência, segurança e continuidade. Caracterizavam-se pela completa desconsideração dos direitos e garantias do cidadão-eleitor. O sufrágio e as candidaturas restringiam-se a um pequeno grupo de integrantes da elite. Mulheres, analfabetos e pessoas de baixa renda não participavam do processo.

Ela surgiu da necessidade de impedir-se a prevalência daqueles que gastassem mais dinheiro, agissem com maior truculência ou lançassem mão de trapaças para conquistar o poder. Predominavam o "voto de cabresto", os "currais eleitorais" e as eleições decididas "a bico de pena". A supervisão dos pleitos por juízes – em tese, alheios às paixões ideológicas – para garantir a livre expressão da vontade popular e sua correta apuração significou um importante salto qualitativo em direção à autenticidade da representação.

É bem verdade que essa Justiça especializada funcionou com altos e baixos até os anos 80 do século passado. Alternou momentos de considerável prestígio com outros de franco descrédito. Deixou de existir durante o "Estado Novo", instituído por Getúlio Vargas, que durou de 1937 a 1945. Ressuscitou sob a Constituição de 1946, mas tornou a sofrer constrangimentos durante o regime militar iniciado em 1964. Só voltou a atuar plenamente com o advento da Carta Magna de 1988.

Agora a Justiça Eleitoral se defronta com outro grave desafio de cujo enfrentamento depende a manutenção da credibilidade que arduamente conquistou nos últimos tempos. Trata-se da disseminação maciça de *fake news*, notícias falsas veiculadas sobretudo pela internet, não raro impulsionadas por robôs acionados do exterior, com o objetivo de induzir os eleitores em erro para favorecer determinado candidato ou partido.

Constitui um novo modo de manipular o resultado das eleições, tão deletério para a democracia quanto o conhecido abuso do poder econômico, que desequilibra a paridade de armas entre os concorrentes. Segundo alguns, a recente eleição presidencial dos Estados Unidos teria sido maculada por esse expediente, assim como a brasileira concluída em outubro do ano transato.

Nada justifica que, em nosso país, se deixe de combater com o necessário rigor tal prática deletéria, tornada viável graças à extraordinária expansão das mídias sociais, seja investigando fraudes passadas, seja prevenindo futuras, com a consequente punição dos responsáveis e beneficiários.

Não cabe invocar dificuldades técnicas para detectá-las ou a inexistência de leis apropriadas para reprimi-las. Primeiro, porque a Justiça Eleitoral – coadjuvada quando necessário pela Polícia Federal – dispõe de um corpo de especialistas em informática altamente qualificado. Depois, porque, embora seja sempre possível aperfeiçoar a legislação vigente, certo é que o nosso ordenamento jurídico já contempla os instrumentos necessários para coibi-las adequadamente.

Basta ter disposição.

Domínio do fato

Publicado na *Folha de S. Paulo* em 3.10.2019.

Reportagem publicada em um jornal econômico revela que sócios, diretores e gerentes de empresas viram-se condenados em 82% dos casos submetidos à Justiça criminal. O dado foi obtido mediante levantamento de decisões proferidas por cortes estaduais e tribunais federais entre 2013 e 2019.

Apurou-se que, como as corporações geralmente não figuram como rés em ações penais, as condenações vêm recaindo sobre seus dirigentes, sobretudo em situações nas quais as provas não permitem identificar quem foi o responsável pelo cometimento dos delitos. Tais casos têm origem em processos envolvendo discussões tributárias, societárias ou ambientais, porém se desdobram em feitos criminais a partir de denúncias oferecidas pelo Ministério Público. Segundo a pesquisa, os gestores são apenados por decisões ou atos de terceiros, mesmo sem qualquer evidência de que deles hajam participado direta ou indiretamente. Um criminalista atribuiu esse alto índice de condenações ao emprego indevido da teoria germânica do "domínio do fato" por parte do Supremo Tribunal Federal, no julgamento do chamado "mensalão", cuja ótica se espalhou pelas demais instâncias judicantes, levando-as a responsabilizar os executivos apenas com base na presunção de que estes, em razão da posição ocupada, teriam ciência dos malfeitos praticados.

Interessantemente, logo após o referido julgamento, o jurista alemão Claus Roxin, um dos principais elaboradores dessa teoria, a princípio concebida para enquadrar chefes de regimes de exceção que praticavam crimes por meio de subalternos, em entrevista concedida a esta *Folha* em 11.11.2012, esclareceu o seguinte: "A posição hierárquica não fundamenta, sob nenhuma circunstância, o domínio do fato. O mero ter que saber não basta".

Isso porque, na área penal, para que se condene alguém é preciso provar cabalmente que agiu com a intenção de alcançar o resultado criminoso ou assumiu o risco de produzi-lo. Mesmo nas hipóteses de imprudência, negligência ou imperícia exige-se, para a condenação, prova irrefutável dessas falhas comportamentais. Na seara civil, administrativa ou consumerista, ao contrário, as consequências de um ilícito podem ser imputadas a alguém mediante a simples comprovação do dano, sem qualquer indagação acerca da vontade de seu causador, porque restritas à esfera patrimonial.

A inflexão jurisprudencial, que começa a atingir as atividades negociais, parece agasalhar uma espécie de responsabilidade penal objetiva, repudiada pelos doutrinadores, na qual também não se cogita de dolo ou culpa do infrator. Consta inclusive que já estaria inibindo o engenho e arrojo inerentes ao empreendedorismo. Por isso, muitos estranham o apoio ainda conferido por parcela do empresariado à escalada persecutória em curso no país.

Tolera investigações oficiosas, delações direcionadas, vazamentos seletivos, diligências extravagantes, conduções coercitivas, acusações hiperbólicas, prisões espetaculares, penas exorbitantes e outras medidas abusivas, sendo-lhe completamente indiferente o esgarçamento da presunção constitucional de inocência. Talvez acredite que essas práticas anômalas só alcancem desafetos habituais, corruptos notórios ou criminosos comuns. Desavisada, não consegue perceber a grave ameaça que encerram para a segurança jurídica de toda a sociedade.

Em defesa do Estado Democrático de Direito

Publicado na *Folha de S. Paulo* em 26.11.2019.

Atentos à nossa turbulenta história institucional, caracterizada por recorrentes conspiratas que, com inquietante regularidade e sob os mais insólitos pretextos, têm imposto prolongados períodos de exceção ao país, os constituintes de 1988 buscaram dar um fim a essa insidiosa patologia política.

Com tal propósito, assentaram, logo no art. 1º da Constituição, que a República Federativa do Brasil consubstancia um Estado Democrático de Direito, fundado, entre outros, nos seguintes valores: soberania, cidadania, dignidade da pessoa humana e pluralismo político.

E para não deixar quaisquer dúvidas aos mais afoitos ou menos avisados, reafirmaram o dogma republicano segundo o qual todo o poder emana do povo, que o exerce por meio de representantes eleitos ou diretamente, mediante referendos, plebiscitos e iniciativas legislativas populares.

Para proteger o ente estatal que idealizaram e prevenir eventuais retrocessos, os constituintes conceberam diversas salvaguardas, com destaque para aquela que tipifica como crime inafiançável e imprescritível a ação de grupos armados, civis ou militares, contra o Estado Democrático de Direito e a ordem constitucional.

Estabeleceram, ainda, que a tortura – flagelo inerente a todos os regimes autoritários – constitui infração penal insuscetível de graça ou anistia, respondendo por ela os mandantes, os executores e os que, podendo evitá-la, se omitirem.

Tais ilícitos, sancionados com rigorosas penas, inclusive em sua forma tentada, estão definidos na legislação ordinária, sobretudo na draconiana Lei de Segurança Nacional de 1983, a qual, embora promulgada sob a égide da Constituição decaída, foi recepcionada pela vigente Carta Magna, naquilo que com ela não conflite.

Isso significa que os autores – diretos ou mediatos – desses seríssimos crimes, mesmo passados anos ou décadas, uma vez restaurada a normalidade institucional, podem ser levados às barras dos tribunais, de nada valendo alegar ignorância ou o cumprimento de ordens superiores.

Essas escusas já não são mais aceitas depois dos julgamentos de Nuremberg, ocorridos em meados do século passado, que resultaram na condenação de vários criminosos de guerra, e após a difusão da teoria alemã do "domínio do fato", cujo emprego permitiu a responsabilização de diversos autocratas contemporâneos por cortes locais e internacionais.

Nem se imagine que a intervenção federal, o emprego das forças armadas em operações para garantia da lei e da ordem ou a decretação do estado de defesa e de sítio – estes concebidos para enfrentar graves comoções internas, calamidades públicas de grandes proporções e agressões armadas externas, dentre outras crises – podem prestar-se a sufocar as franquias democráticas.

É que tais medidas extremas não só estão estritamente balizadas no texto constitucional, como também se encontram submetidas ao controle parlamentar e judiciário quanto à legalidade, razoabilidade, proporcionalidade, demarcação espacial e limitação temporal.

Além disso, o chefe do Executivo, responsável por sua decretação, sujeita-se a processo de *impeachment* caso venha a atentar contra o exercício dos direitos políticos, individuais ou sociais, extrapolando os rigorosos parâmetros que norteiam a atuação presidencial naquelas situações.

Não obstante todas essas cautelas dos constituintes, recomenda a prudência – considerada a conturbada experiência brasileira – que se tenha sempre presente a sábia advertência de Thomas Jefferson (1743-1826), para quem "o preço da liberdade é a eterna vigilância".

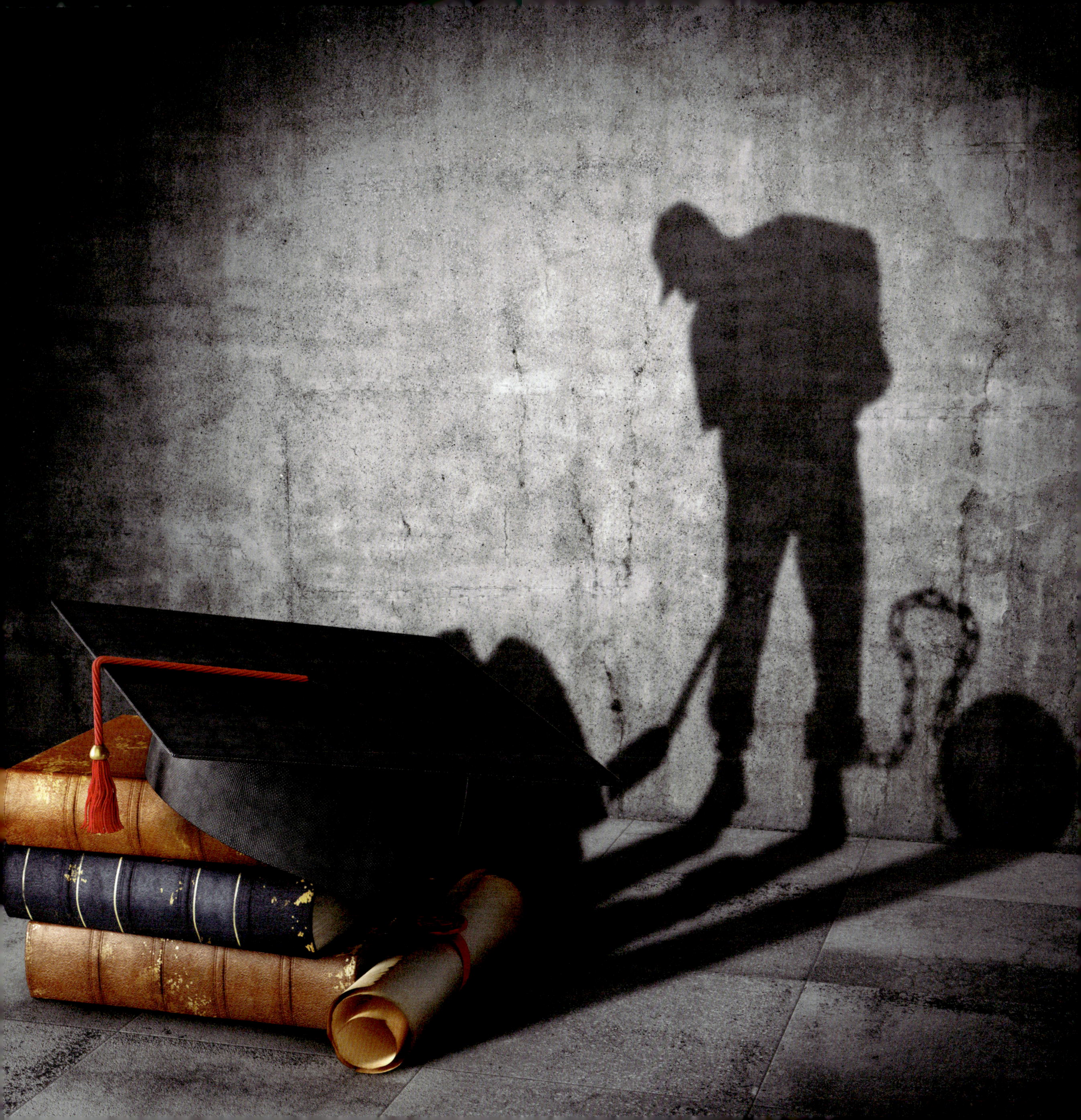

A Terceira Lei de Newton

Publicado na *Folha de S. Paulo* em 3.2.2020.

Sir Isaac Newton (1643-1727), filósofo, matemático e físico inglês, um dos fundadores da ciência moderna, famoso por desvendar a "lei da gravitação universal", identificou também outras três leis sobre as quais se assenta a mecânica clássica, sobrelevando a terceira delas, talvez a mais conhecida, que tem o seguinte enunciado: "A toda ação corresponde sempre uma reação oposta e de igual intensidade". Tal princípio, concebido originalmente para explicar certos fenômenos naturais, vem sendo estendido às relações sociais, notadamente àquelas pertencentes ao mundo da política.

Empregando essa lógica, é possível concluir que os excessos praticados no passado recente por alguns juízes, policiais e membros do Ministério Público, restringindo direitos e garantias dos acusados em inquéritos ou ações penais, deram causa a uma reação equivalente em sentido contrário por parte dos órgãos de controle. A reação foi se intensificando à medida que tais excessos – em um primeiro momento percebidos apenas por advogados e um punhado de observadores mais atentos – passaram a ser divulgados pela mídia tradicional, causando um mal-estar generalizado na sociedade.

A resposta partiu inicialmente do Supremo Tribunal Federal, que proibiu conduções coercitivas, revogou prisões preventivas sem fundamentação idônea, censurou vazamentos de dados sigilosos, anulou provas ilícitas, rejeitou denúncias baseadas exclusivamente em delações premiadas, corrigiu violações ao devido processo legal, assegurou o exercício da ampla defesa e reafirmou o princípio constitucional da presunção de inocência.

O Congresso Nacional retrucou no mesmo diapasão votando a Lei nº 13.869/2019, na qual tipificou como abuso de autoridade a maioria dos desvios glosados pelo STF. Logo depois, complementou a corrigenda aprovando a Lei nº 13.963/2019, que resultou do chamado "pacote anticrime", escoimado das exorbitâncias iniciais, de cujo texto vale destacar a oportuna criação, por proposta de parlamentares, do "juiz de garantias" – adotado, com excelentes resultados, em um bom número de países – a quem incumbirá promover a instrução criminal dentro da legalidade e com respeito aos direitos dos investigados e às prerrogativas de seus defensores.

Essa correção de rumos somente foi possível porque as democracias ocidentais, ao longo dos últimos três séculos, especialmente a partir do advento das revoluções liberais, desenvolveram – embora com as imperfeições próprias das instituições humanas – mecanismos de freios e contrapesos para evitar o arbítrio dos governantes, com destaque para a técnica de repartição das funções legislativas, executivas e judiciais entre poderes distintos e autônomos. Estabeleceram ainda um sistema recursal que permite a revisão das decisões de juízes e tribunais pertencentes a instâncias inferiores por colegiados de grau superior, de maneira a contrastá-las com as normas constitucionais e legais vigentes.

Conta a lenda que o cientista inglês mencionado no início se apercebeu da força da gravidade ao ser surpreendido pelo impacto de uma maçã desabando sobre sua cabeça quando repousava tranquilamente debaixo duma macieira. Talvez agora, de forma análoga, a parcela de agentes públicos – por sorte bastante diminuta –, habituada a ultrapassar impunemente os limites da ordem jurídica, se dê conta de que a Terceira Lei de Newton, com a inexorabilidade própria dos fatos da natureza, acabará sempre encontrando a sanção adequada para todo e qualquer comportamento desviante.

Covid-19 e Federalismo

Publicado na *Folha de S. Paulo* em 22.4.2020.

A pandemia desencadeada pela Covid-19, que, em poucos meses, infectou e matou dezenas de milhares de pessoas em todo o mundo, revelou, entre outras coisas, as fraquezas e virtudes das diferentes formas de governança. Entre nós, serviu para testar os limites do Federalismo adotado pela Constituição de 1988.

Do ponto de vista estrutural, existem basicamente dois tipos de Estado: "unitários" e "compostos". Os primeiros apresentam apenas um centro de impulsão política. Seus súditos submetem-se a um único governo e ordenamento legal. As circunscrições em que se subdividem só possuem autonomia administrativa. Predominam em países com dimensões territoriais ou demográficas modestas e populações homogêneas.

Os compostos, sobretudo os federais, geralmente prevalecem em nações com tamanho maior e composição mais heterogênea. Fracionam-se em unidades territoriais dotadas de autonomia política. Por isso, seus cidadãos sujeitam-se simultaneamente às autoridades centrais, regionais e locais, cujas determinações e leis são obrigados a observar.

A federação é uma novidade histórica. Resultou da associação das 13 ex-colônias britânicas na América do Norte, tornadas independentes em 1776. Foi concebida para assegurar aos associados as vantagens da unidade, sem prejuízo de preservar as distintas particularidades. Mais tarde, constatou-se que também contribui para fortalecer a democracia, pois promove a desconcentração do poder e facilita a aproximação do povo com os governantes.

Inspirado na experiência dos EUA, o Brasil adotou o modelo em 1891, na primeira Constituição republicana. A partir de então, todas as Cartas políticas subsequentes o incorporaram, exceto a de 1937, sob a qual vicejou a ditadura getulista.

Ocorre que os estados-membros, desde quando foram instituídos, em substituição às antigas províncias imperiais, jamais foram dotados de poder e recursos compatíveis com suas necessidades, permanentemente concentrados no governo central. Já os municípios, embora também vítimas de uma crônica carência de meios, sempre dispuseram de considerável autoridade para regular assuntos de interesse local.

Para sanar esse desequilíbrio, a nova ordem constitucional adotou o denominado "Federalismo cooperativo", no qual União, estados e municípios passaram a compartilhar competências e rendas para buscar um desenvolvimento harmônico e integrado.

Tal evolução, a toda evidência, precisa ser levada em conta pelos diferentes níveis políticos-administrativos no combate à Covid-19. À União compete coordenar as ações, mediante o estabelecimento de regras gerais e a oferta de apoio material, porque lhe incumbe, a teor do art. 21, XVIII, da Lei Maior, "planejar e promover a defesa permanente contra calamidades públicas".

Os entes regionais e locais não podem ser alijados dessa batalha, porquanto têm a obrigação de tomar as medidas necessárias para enfrentar a doença. Além de outras competências comuns que compartilham com a União, cabe-lhes "cuidar da saúde e assistência pública", bem como "organizar o abastecimento alimentar" nos respectivos âmbitos de atuação, segundo o art. 23, II e VIII, do Texto Constitucional.

O Federalismo cooperativo, longe de ser mera peça retórica, exige que seus integrantes se apoiem mutuamente, deixando de lado as divergências ideológicas ou partidárias dos respectivos governantes. A grave crise sanitária e econômica, na qual nos debatemos atualmente, demanda juízo, ponderação e responsabilidade de todos.

A serviço de Sua Majestade

Publicado no jornal *O Globo* em 17.5.2020.

Ian Fleming (1908-1964), soldado, jornalista e escritor inglês, imortalizou-se pela criação do personagem de ficção James Bond, membro do serviço secreto britânico, codinome 007, protagonista de vários romances e filmes que alcançaram grande sucesso de público e crítica.

No imaginário de seu idealizador, Bond integrava um seletíssimo grupo de espiões, dotados de licença para matar, que os desobrigava de qualquer explicação caso tirassem a vida de algum inimigo da Coroa ou de aliados desta. Assim protegido, 007 executou inúmeros antagonistas, não raro com requintada crueldade, sem jamais perder o característico ar *blasé*.

Ocorre que tal imunidade não existe no mundo real. Nenhuma nação conhecida, seja ela democrática, autoritária ou até mesmo despótica, concede uma carta branca a seus agentes para liquidar adversários. Nem mesmo na guerra é dado aos beligerantes agir sem limitações, pois sua conduta é regida por tratados e convenções de natureza humanitária. Restabelecida a paz, os abusos são julgados e punidos por tribunais domésticos ou internacionais.

Não obstante, de uns tempos para cá, pretende-se introduzir em nosso ordenamento jurídico uma singular excludente de ilicitude para militares e policiais. Uma primeira tentativa, embutida no chamado "pacote anticrime", foi recentemente rechaçada pelo Congresso Nacional. Nela buscava-se a redução ou isenção total da pena de crimes cometidos por integrantes das forças de segurança sob influência de medo, surpresa ou violenta emoção ou, ainda, em face de virtual agressão.

Agora volta-se novamente à carga mediante outra propositura enviada ao Legislativo. Dela consta que o militar ou policial, participante de uma operação para a Garantia da Lei e da Ordem (GLO), age em legítima defesa presumida quando repele injusta agressão, presente ou potencial, assim definida: a prática ou iminência da prática de terrorismo ou de conduta capaz de gerar morte ou lesão corporal; a restrição da liberdade da vítima, mediante violência ou ameaça; e o porte ou a utilização ostensiva de arma de fogo.

Consta também da proposta que o autor só é responsabilizado criminalmente se agir com excesso doloso. Mas, mesmo assim, a pena poderá ser atenuada pelo juiz. A prisão em flagrante passa a ser proibida e a preventiva apenas será decretada em circunstâncias excepcionais. Em todas as situações, a Advocacia-Geral da União fará a defesa dos acusados.

Ora, o Código Penal, vigente há várias décadas, já contempla, em seu art. 23, a figura da excludente de ilicitude. Segundo o dispositivo, inexiste crime quando alguém pratica o fato em estado de necessidade, legítima defesa, estrito cumprimento do dever legal ou no exercício regular de direito. O art. 25, por sua vez, esclarece que age em legítima defesa quem, fazendo uso moderado dos meios necessários, repele injusta agressão, atual ou iminente, a direito próprio ou de outrem.

Esse arcabouço legal, convalidado diversas vezes pela Suprema Corte, sempre foi suficiente para que as autoridades incumbidas da segurança pública dessem conta de suas atribuições, com prudência e serenidade, sem colocar em risco a vida ou integridade física das pessoas de bem, para cuja proteção foram instituídas.

Nossos parlamentares certamente saberão avaliar, com altivez e independência, a conveniência e oportunidade de placitar essa inovação normativa, atentos ao delicado momento pelo qual passa o país e, sobretudo, à salvaguarda dos direitos fundamentais de sua majestade, o povo brasileiro.

A garantia da lei e da ordem em crises de maior envergadura

Publicado na *Folha de S. Paulo* em 1º.6.2020.

Na Roma Antiga, quando a sobrevivência do Estado se encontrava ameaçada por rebeliões internas ou guerras externas, o povo outorgava plenos poderes a determinado líder para enfrentá-las.

O general e cônsul Lúcio Quíncio Cincinato (519-439 a.C.), talvez o mais famoso deles, foi contemplado com o título de "ditador" para conter o avanço de tribos bárbaras sobre a cidade e enfrentar uma revolta popular causada pela escassez de alimentos.

Também nos dias atuais, os Estados, quando defrontados com crises de envergadura maior, por vezes são obrigados a empregar medidas extremas para preservar a segurança pública. Naqueles de índole democrática, a ninguém ocorre confiá-las às mãos de um ditador. As instituições continuam funcionando normalmente, dando-se apenas uma substituição, momentânea e pontual, da legalidade ordinária por outra extraordinária.

De acordo com a doutrina, existem dois tipos de sistemas de emergência: os rígidos e os flexíveis. Nos primeiros, as providências admitidas para arrostar as adversidades acham-se predeterminadas na legislação, tal como acontece no Brasil.

Já nos segundos, as ações para debelá-las não estão previamente discriminadas. É o caso dos países de tradição anglo-saxônica, que adotam a chamada "lei marcial", cujos executores estão autorizados a empregar todos os meios necessários para restabelecer a paz, embora respondam posteriormente na Justiça por eventuais excessos.

Nossa Constituição autoriza o presidente da República a decretar excepcionalmente a intervenção federal, o estado de defesa ou de sítio para enfrentar situações de gravidade fora do comum, restringindo certos direitos e franquias individuais, porém sempre por prazo determinado e mediante autorização do Congresso Nacional.

Afora isso, o seu art. 142 – ultimamente invocado com preocupante frequência – permite a convocação das Forças Armadas, por qualquer dos poderes constitucionais, para a garantia da lei e da ordem.

Nesses tempos de pandemia, que a cada dia parece ganhar mais ímpeto, algumas vozes já sugerem a mobilização dos militares para enfrentar suas consequências.

Um dos grandes problemas entrevisto por analistas é que tais operações independem de aprovação parlamentar. Não obstante, como o nosso sistema de emergência é rígido, elas só podem ser levadas a efeito com estrita observância das regras legais pertinentes, especialmente as contidas na Lei Complementar nº 97/1999.

A decisão compete ao presidente da República, que age por iniciativa própria ou a pedido dos presidentes do Senado, da Câmara ou do Supremo, mas somente "após esgotados os instrumentos destinados à preservação da ordem pública e da incolumidade das pessoas ou do patrimônio" (art. 15, §§1º e 2º).

Para tanto, é preciso que as polícias federais, civis e militares, bem assim os corpos de bombeiros, se mostrem "indisponíveis, inexistentes ou insuficientes ao desempenho regular de sua missão", nos termos de manifestação formal dos chefes de executivo aos quais se subordinam (art. 15, §3º).

Ainda assim, o emprego da tropa só se dará "de forma episódica, em área previamente estabelecida e por tempo limitado", circunscrito, ademais, ao objetivo de "assegurar o resultado das operações" (art. 15, §4º).

Em suma, ausentes estes e outros pressupostos legais, o acionamento do polêmico art. 142 estará despido da necessária legitimidade e juridicidade, podendo ser sustado pelo Parlamento ou Judiciário, sem prejuízo da responsabilização daqueles que lhe deram causa.

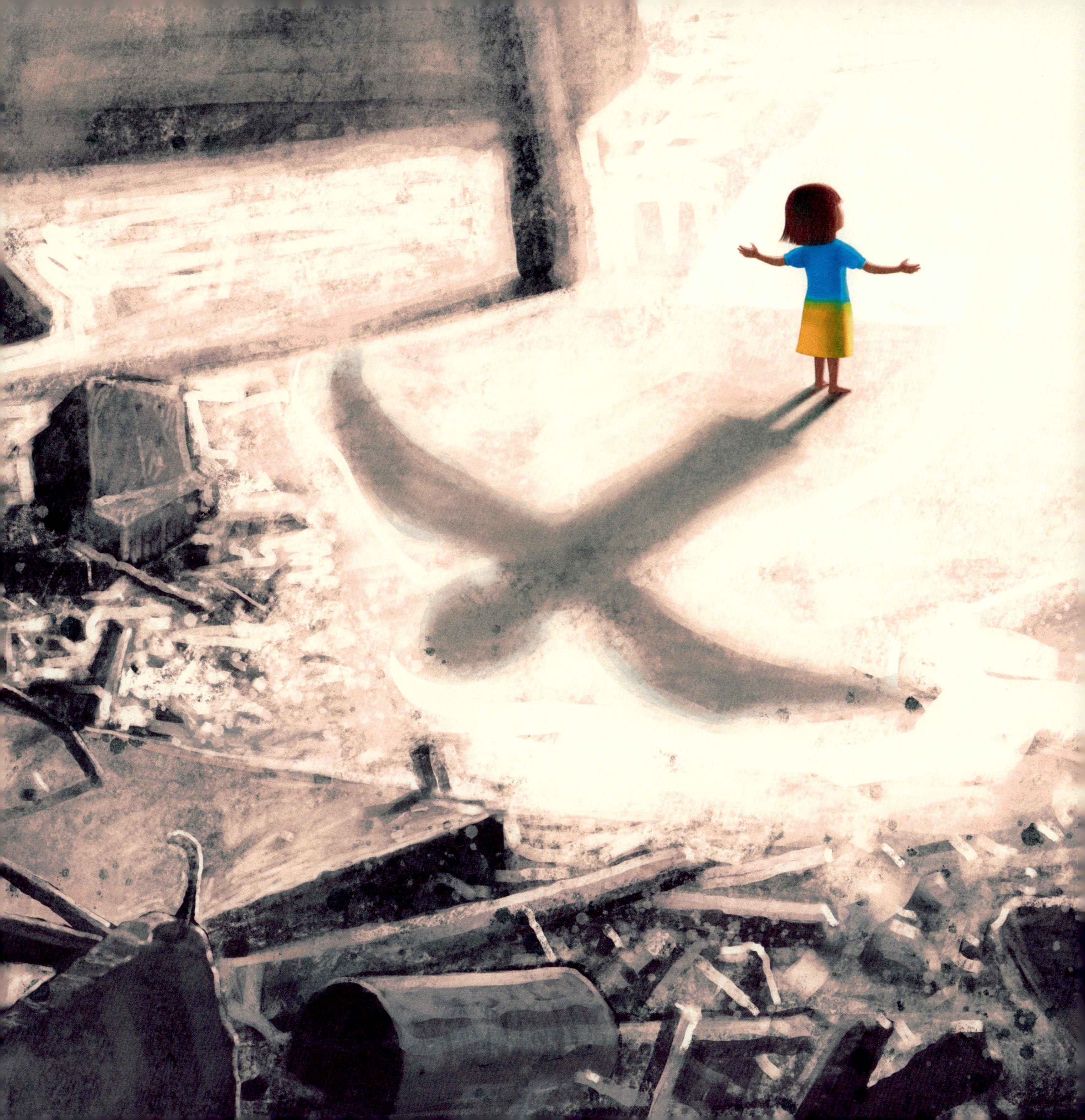

Envelhecer em tempos de pandemia

Publicado na *Folha de S. Paulo* em 23.7.2020.

Não é tarefa fácil enfrentar com serenidade a inelutável progressão do envelhecimento e a onipresente perspectiva de adoecer ou morrer prematuramente nestes tempos de pandemia. Marco Túlio Cícero, político, orador e filósofo romano, que viveu entre 106 e 43 a.C., em seu diálogo *De Senectute*, escreveu palavras reconfortantes sobre os distintos momentos da vida, com ênfase na velhice e na morte, as quais talvez possam emprestar algum alento aos menos confiantes.

Em acanhado resumo, para Cícero a velhice não passa de um estágio necessário da existência, que se sucede à infância, adolescência e maturidade. Lembra que a senectude também tem suas virtudes, tal como as demais idades, não sendo razoável mostrar-se surpreso ou decepcionado com a sua inevitável chegada. Por si só, ela não causa infelicidade, mesmo porque as pessoas infelizes o são em todas as fases da vida.

Consequência necessária do ciclo existencial de todos os viventes, a velhice, assim como a morte, deve ser aceita como um desígnio inescapável da natureza. Após o amadurecimento físico e mental, a vida se extingue paulatinamente. As pessoas sábias não devem rebelar-se contra ela, mas precisam aceitá-la com resignação e tranquilidade, pois todos os entes, tanto animados como inanimados, submetem-se à inexorável lei da permanente transformação.

Ao contrário do que muitos imaginam, a velhice não é penosa nem desagradável. Suas limitações podem até ser encaradas como vantagens, por isentarem os velhos das obrigações próprias dos jovens. O inconformismo com as dificuldades da vida constitui mais um atributo da personalidade individual do que uma característica dos idosos. Não raro, a idade avançada atrai o respeito e o reconhecimento das pessoas.

Quando se cultiva a virtude e a curiosidade intelectual até o fim, seguindo um mesmo padrão da infância à maturidade, colhem-se os melhores resultados na velhice, especialmente pela recordação dos momentos vividos de forma plena e útil. O que importa é valer-se, em cada momento da vida, dos recursos disponíveis para melhor arrostar os desafios com os quais se é confrontado. Uma das mais belas e compensadoras tarefas a que se podem dedicar os velhos é transmitir aos jovens os bons valores das gerações anteriores, cujo cumprimento independe de eventuais limitações físicas.

O declínio corporal, ademais, não deve ser debitado unicamente à velhice, pois, quase sempre, provém de uma vida pretérita extravagante. Nessa fase, o importante é usar a força física com parcimônia, segundo a capacidade de cada um, para que os velhos não sintam frustração nem fraqueza e tampouco lamentem a perda do vigor da juventude.

Não basta, porém, aguardar passivamente a chegada da velhice, sendo necessário resistir aos seus inconvenientes, especialmente conservando a saúde. É preciso alimentar-se de modo adequado para recompor as forças, evitando os excessos, sem esquecer de cultivar o espírito, o qual, diversamente do corpo, ao invés de fatigar-se, fica fortalecido com o exercício.

Cícero observa que não há prazo prefixado para duração da velhice. A vida continua plena enquanto for possível assumir os encargos que lhe são próprios. Os velhos, como regra, são mais corajosos e decididos do que os jovens. Por isso não devem se apegar nem renunciar ao tempo que lhes resta, mantendo sempre a altivez nos momentos finais. À moda dos estoicos, conclui que se deve deixar a vida não como quem sai de sua casa, mas como alguém que deixa um albergue onde foi acolhido.

Cultura punitivista

Publicado na *Folha de S. Paulo* em 1º.10.2020.

Os debates nas eleições de 2018 tiveram como pano de fundo o combate à corrupção e à marginalidade, em cujo âmbito também eram incluídas pessoas com preferências sexuais alternativas. A maioria dos discursos verberava contra a leniência das autoridades e a brandura da legislação criminal, tidas como principais causas do aumento da delinquência.

Venceram os candidatos que melhor exploraram a sensação de insegurança da população, enraizada na violência endêmica, característica de nações desiguais e excludentes como a nossa. Triunfaram aqueles que defenderam o endurecimento das leis penais, a intensificação das ações da polícia e a expansão do porte de armas. Alguns advogaram abertamente a intervenção das Forças Armadas e a reedição dos atos de exceção.

Tal desfecho não suscitou maior surpresa porque boa parte dos eleitos apenas repercutiu o já atávico temor das massas, diuturnamente reforçado pelo noticiário sensacionalista veiculado na mídia. O que mais causou espanto foi a incondicional adesão a esse ideário por parte de alguns integrantes do aparelho estatal, em especial do Judiciário, considerada a plena vigência da Constituição libertária de 1988. Subitamente proliferaram heróis e justiceiros, paladinos da lei e da ordem, ávidos por uns momentos de fama ou algumas migalhas de poder. À semelhança de lázaros redivivos, de repente emergiram do insípido anonimato das respectivas carreiras.

Uma das consequências mais nefastas dessa cultura punitivista consistiu no aumento exponencial da população carcerária, em sua maioria negra e parda, que supera atualmente a espantosa cifra de 700 mil presos, os quais sobrevivem amontoados em jaulas inapropriadas até para animais de zoológico. Nesse quesito, o Brasil ocupa a desonrosa posição de terceiro país que mais prende no mundo. E prende mal, pois cerca de 30% dos encarcerados são presos provisórios, que não conseguem ser ouvidos por um magistrado, mesmo transcorridos meses ou anos de sua detenção.

O alastramento da narrativa que preconiza o aumento da repressão e do encarceramento como saída para o problema da criminalidade levou ao desvirtuamento das atribuições dos distintos atores do sistema de segurança pública. Não raro, as funções de investigar, acusar e julgar acabaram se confundindo. Tal fato fragilizou o direito ao contraditório e à ampla defesa dos acusados, levando ainda à generalização de prisões sem culpa formada, muitas vezes baseadas em simples delações de corréus.

Ademais, ampliou o protagonismo de juízes, que se viram tentados a produzir provas e expedir medidas unilateralmente. Em paralelo, acarretou uma insólita militarização das investigações, por meio de "operações" batizadas com nomes esotéricos, levadas a efeito por agentes em uniformes de campanha, portando armamento pesado, ocasionalmente acompanhadas por promotores ou procuradores.

O Supremo Tribunal Federal, embora sofrendo críticas, incompreensões, ofensas e até ameaças à integridade física de seus membros, logrou impor certa correção de rumos a essa patologia institucional, sobretudo ao concluir recentemente pela integral vigência da presunção constitucional de inocência, reafirmando sua natureza de cláusula pétrea. O Congresso Nacional também reagiu à altura, formalizando as audiências de custódia, institucionalizando o juiz das garantias e aprovando a lei de abuso de autoridade. Cabe agora à cidadania impedir a concretização de eventuais retrocessos, lançando mão dos instrumentos democráticos de que dispõe.

Medidas de emergência e tentações autoritárias

Publicado na *Folha de S. Paulo* em 11.2.2021.

Os povos ao longo da história constataram, muitas vezes a duras penas, que não pode haver segurança sem que exista uma autoridade que a garanta. Essa ideia foi desenvolvida teoricamente por Thomas Hobbes, em sua obra *O Leviatã*, publicada no ano de 1651. Nela, o autor inglês explicava que os homens, antes do advento do Estado, viviam em permanente conflito uns contra os outros. Passados mais de três séculos de lutas populares e elucubrações políticas, o único – porém significativo – acréscimo incorporado a essa teoria consistiu em atribuir à liberdade um valor equivalente ou até superior à segurança.

Existem hoje basicamente três modelos de preservação da paz social em momentos de crise. O primeiro deles, que tem como exemplos clássicos o cesarismo e o bonapartismo, entrega poderes ditatoriais a um líder dotado de carisma ou prestígio. Já o segundo admite, sem que haja quebra do ordenamento jurídico, a prática de todos os atos necessários para restaurar a tranquilidade coletiva, sujeitando-os, contudo, a posterior contraste judicial. É o caso da lei marcial do direito anglo-saxão. Finalmente o terceiro distingue-se pela substituição transitória da legalidade ordinária, própria das situações de normalidade, por uma extraordinária, mas sempre dentro de parâmetros constitucionais. O Brasil optou por este último modelo.

O reconhecimento do estado de calamidade pública é a menos severa das medidas de emergência previstas em nossa Constituição, servindo para enfrentar desastres naturais que impliquem comprometimento substancial da capacidade de resposta dos governantes. Como regra, fica circunscrito à órbita fiscal, permitindo a dispensa de licitação para a compra de bens e serviços, bem como a abertura de créditos extraordinários e a instituição de empréstimos compulsórios. Existem, todavia, outras providências mais drásticas, que repercutem sobre a liberdade das pessoas, como a intervenção federal, o estado de defesa e o estado de sítio.

A intervenção nas unidades federadas pode ser decretada pelo presidente da República para, entre outros motivos, "pôr termo a grave comprometimento da ordem pública", não raro com o afastamento das autoridades locais. O estado de defesa é contemplado "para preservar ou prontamente restabelecer, em locais restritos e determinados, a ordem pública ou a paz social, ameaçadas por grave instabilidade institucional ou atingidas por calamidades de grandes proporções na natureza". De outro lado, o estado de sítio presta-se a debelar "comoção de grave repercussão nacional ou ocorrência de fatos que comprovem a ineficácia de medida tomada durante o estado de defesa". Cabe ainda na "declaração de estado de guerra ou resposta a agressão armada estrangeira". Tanto o estado de defesa quanto o de sítio ensejam a suspensão de direitos e garantias fundamentais.

Ocorre que o decreto presidencial instaurador dessas três medidas – sempre limitadas no tempo, salvo na hipótese de guerra ou agressão externa – precisa ser submetido de imediato ao Congresso Nacional. Se este estiver em recesso será convocado extraordinariamente, permanecendo em pleno funcionamento durante todo o período de exceção, vedada apenas a aprovação de emendas constitucionais. E mais: para desencorajar possíveis tentações autoritárias, a Lei Maior prudentemente prevê que o chefe do Executivo e seus subordinados respondem por crime de responsabilidade, ou mesmo comum, pelo cometimento de eventuais excessos no exercício dos poderes extraordinários.

Abertura "lenta, gradual e segura": do AI-5 à Lei de Segurança Nacional

Publicado na *Folha de S. Paulo* em 19.4.2021.

O autoritarismo do regime imposto à nação, em abril de 1964, atingiu o seu ápice, pouco mais de quatro anos depois, com a edição do Ato Institucional nº 5, que suspendeu diversas franquias constitucionais, entre elas o *habeas corpus* para crimes políticos e as garantias da magistratura, além de autorizar o presidente da República a decretar o recesso do Congresso Nacional e a cassar mandatos eletivos. Ao todo, foram 17 atos institucionais e mais de 100 complementares, que se colocavam acima da Constituição.

Em 1973, a crise do petróleo, originada nas guerras do Oriente Médio, provocou uma sensível desvalorização do dólar, desorganizando a economia internacional. Como consequência, o Brasil sofreu um declínio no crescimento, um recrudescimento da inflação e um aumento no desemprego, gerando intensa insatisfação social. Em meio a esse contexto, ascendeu ao poder o Presidente Ernesto Geisel, que iniciou uma abertura institucional "lenta, gradual e segura", articulada pelo Chefe da Casa Civil de seu governo, General Golbery do Couto e Silva, enfrentando forte reação dos integrantes da ala mais radical do regime.

Já perto do final do mandato, em outubro de 1978, Geisel fez aprovar a Emenda Constitucional nº 11, que, entre outras medidas, revogou os atos institucionais e complementares, embora preservando os seus efeitos, insuscetíveis de apreciação judicial. Ademais, introduziu na Carta de 1967 determinadas salvaguardas, com destaque para o estado de emergência, que permitia a suspensão de direitos e garantias fundamentais, quando fossem "exigidas providências imediatas, em caso de guerra ou para preservar a integridade e a independência do país, bem como para impedir ou repelir as atividades subversivas".

Dando continuidade à abertura iniciada por seu antecessor, o Presidente João Figueiredo, também sob forte pressão popular, sancionou a Lei nº 6.683/79, concedendo uma anistia "ampla, geral e irrestrita" aos acusados da prática de crimes políticos ou delitos conexos. Com o agravamento da recessão econômica e o advento de uma hiperinflação, enfrentada pelas autoridades com um implacável arrocho salarial, a oposição acabou alcançando expressivo avanço no pleito de 1982. Na sequência, ganhou força um movimento nacional pela restauração da democracia, a começar pela imediata convocação de eleições presidenciais diretas, que levou dezenas de milhares de pessoas às ruas e praças públicas durante todo o ano de 1983.

Nesse ambiente, em meados de dezembro, promulgou-se a Lei nº 7.170/1983, que ainda vigora nos dias atuais, definindo os crimes contra a segurança nacional e a ordem política e social. Tal texto normativo corresponde à última versão de uma série de outros sobre o mesmo tema, que se iniciou com uma lei de 1935, engendrada pelo então Presidente Getúlio Vargas, pouco antes de implantar a ditadura do Estado Novo.

Apesar de várias vezes alterada ao longo do tempo, os distintos diplomas legais que a substituíram jamais destoaram da tônica original marcada pela ênfase na repressão a inimigos internos.

Esse verdadeiro espectro jurídico, cuja principal característica é a tipificação excessivamente aberta de certos crimes, como exemplo, "incitar a subversão da ordem política", assim como a remessa do julgamento deles à Justiça Militar, continua a assombrar os cidadãos brasileiros, mesmo após a redemocratização do país. Resta saber se suas disposições continuam compatíveis com o espírito e a letra da Constituição Cidadã de 1988.

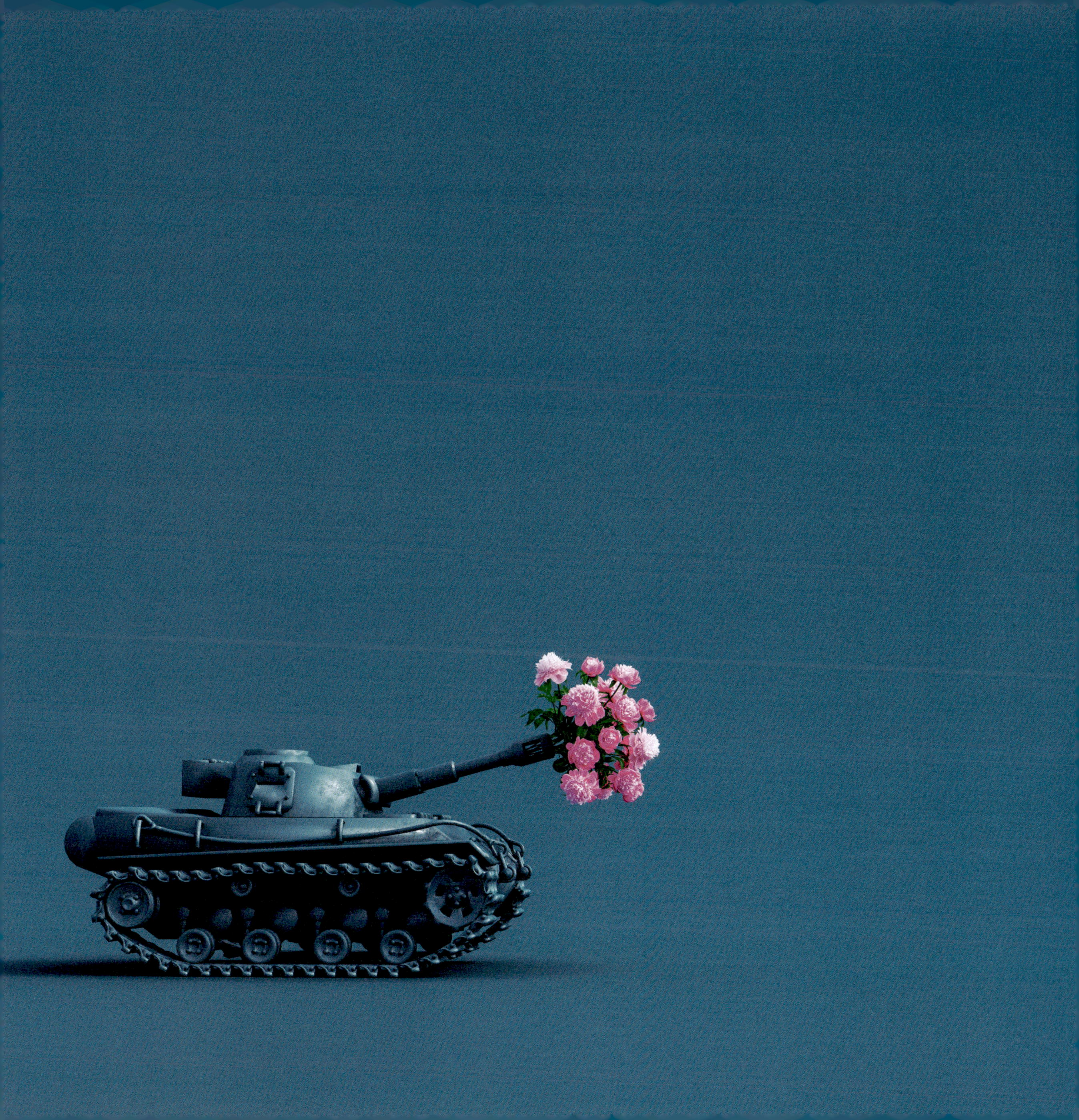

Comando e polícias militares

Publicado na *Folha de S. Paulo* em 17.6.2021.

Saber quem comanda as polícias militares é uma pergunta que não se restringe apenas à questão da responsabilidade última pela formulação das políticas de segurança pública, mas diz respeito ao próprio cerne da forma federativa de Estado, adotada por nós desde a proclamação da República em 1889, e que figura como cláusula pétrea da atual Constituição.

Em interessante estudo denominado *Pequeno Exército Paulista*, Dalmo de Abreu Dallari, a propósito, relata que, quando a economia paulista começa a desenvolver-se nas últimas décadas do século 19, "ocorre a modernização e o crescimento da Força Pública do Estado de São Paulo, elemento que se tornou decisivo para impedir intervenções federais que foram muito frequentes em outros Estados da Federação".

De fato, a corporação teve um papel decisivo na Revolução Constitucionalista de 1932, impedindo, ao menos temporariamente, que o governo central tivesse êxito em esmagar a autonomia estadual. No entanto, tal acabou ocorrendo em 1937, com o advento da ditadura getulista, e depois novamente a partir de 1964, com a implantação do regime militar.

Conforme lembra Dallari, em 2.7.1969, por meio do Decreto-Lei nº 667, assinado pelo General Costa e Silva, ainda hoje vigente, "o governo federal colocou todas as polícias militares sob o controle do Ministério do Exército". Na sequência, o governador paulista, Abreu Sodré, extinguiu a Força Pública, mediante o Decreto-Lei nº 217/1970, transformando-a em Polícia Militar.

A Constituição de 1988, todavia, recolocou as polícias militares sob o comando das autoridades civis, estabelecendo com minúcias, nos arts. 42, 142 e 144, a sua disciplina jurídica. Neles consta que os integrantes dessas corporações são servidores militares dos entes federativos, organizados com base na hierarquia e disciplina, cabendo-lhes a polícia ostensiva e a preservação da ordem pública.

Como militares que são, não podem filiar-se a partidos políticos nem a sindicatos, sendo-lhes proibido fazer greve. E, muito embora constituam forças auxiliares e reserva do Exército, subordinam-se, assim como os bombeiros militares, aos governadores, os quais, inclusive, conferem aos seus oficiais as respectivas patentes.

Apesar de classificadas como forças auxiliares e reserva do Exército, o recrutamento dessas milícias locais pela União só pode ocorrer em situações extraordinárias, como estabelece o próprio Decreto-Lei nº 667/1969, em seu art. 3º, quais sejam, "em caso de guerra externa ou para prevenir ou reprimir grave perturbação da ordem ou ameaça de sua irrupção". Tais situações coincidem com aquelas que autorizam o estabelecimento do estado de defesa e do estado de sítio, cuja decretação, contudo, sujeita-se à anuência do Congresso Nacional, nos termos dos arts. 136 e 137 da Lei Maior.

A competência privativa da União, prevista no art. 22, para legislar sobre normas gerais de convocação e mobilização das polícias e bombeiros militares, não tem o condão de elidir o princípio basilar da democracia, segundo o qual todo o poder emana do povo, que o exerce por meio de representantes eleitos.

Por isso, qualquer ato do governo federal que retire ou atenue o controle dos governadores sobre essas corporações, salvo nas hipóteses excepcionais acima indicadas, e respeitadas as salvaguardas pertinentes, não só contrariaria disposição constitucional expressa, como também vulneraria o próprio princípio federativo, concebido justamente para impedir a concentração do poder, no caso, do poder armado.

Semipresidencialismo como reprise histórica

Publicado na *Folha de S. Paulo* em 18.7.2021.

Um conhecido filósofo alemão, ao escrever sobre o golpe de estado que levou Napoleão III ao poder na França em 1851, concluiu que todos os fatos e personagens de grande importância na história se repetem, "a primeira vez como tragédia, a segunda como farsa". Aqui, a proposta de adoção do semipresidencialismo, ligeira variante do parlamentarismo, que volta a circular às vésperas das eleições de 2022, caso venha a prosperar, possivelmente reeditará um passado que muitos prefeririam esquecer.

O parlamentarismo consolidou-se entre nós no Império, durante o Segundo Reinado, a partir de um decreto de Dom Pedro II, assinado em 20.7.1857, que criou o cargo de presidente do Conselho de Ministros. Cabia a este, depois de nomeado pelo monarca, titular do poder moderador, indicar os demais membros do ministério. Ao contrário, porém, do que ocorre no parlamentarismo britânico, em cujo modelo o brasileiro teria se inspirado, o Imperador podia nomear quem lhe aprouvesse como primeiro-ministro, mesmo que não representasse o partido detentor da maioria das cadeiras no parlamento. Podia, inclusive, fazê-lo antes mesmo das eleições, como lhe facultava a Constituição de 1824. Daí ser chamado de "parlamentarismo às avessas".

Com a proclamação da República em 1889, à semelhança da maioria dos países americanos, o Brasil adotou o presidencialismo, o qual perdurou, com altos e baixos, até a renúncia de Jânio Quadros em 25.8.1961, cujo sucessor constitucional era o seu vice-presidente, João Goulart, à época em viagem oficial à China.

Diante das resistências à sua posse por parte de setores conservadores da sociedade, que o vinculavam ao sindicalismo e a movimentos de esquerda, instalou-se um impasse institucional. Para superá-lo, o Congresso Nacional aprovou, em 2 de setembro do mesmo ano, a Emenda Constitucional nº 4, instituindo o parlamentarismo. Com isso, permitiu a posse de Goulart, embora destituído de grande parte dos poderes presidenciais, que passaram a ser exercidos por um gabinete de ministros chefiado pelo Ex-Deputado Tancredo Neves.

A mudança do sistema de governo, todavia, longe de arrefecer a crise política, acabou por ampliá-la, levando à convocação urgente de um plebiscito, que foi marcado para o dia 6.1.1963, no qual o povo, por expressiva maioria, decidiu pelo retorno ao presidencialismo.

Com os poderes presidenciais recuperados, Goulart anunciou as chamadas "reformas de base", que compreendiam, entre outras, a desapropriação de latifúndios rurais, a extensão do voto aos analfabetos, a limitação à remessa de lucros para o exterior, a redefinição do uso do solo urbano, a encampação de refinarias de petróleo privadas e a ampliação da carga tributária. Foi derrubado, logo em seguida, sendo substituído por uma junta militar, após 31.3.1964.

Com a volta da democracia, os constituintes de 1988 retomaram o presidencialismo, prevendo, no entanto, a convocação de um novo plebiscito sobre o tema. A consulta popular ocorreu em 21.4.1993, tendo os eleitores rejeitado maciçamente o parlamentarismo.

Agora ressurgem, aqui e acolá, iniciativas para a introdução do semipresidencialismo no país, a rigor uma versão híbrida dos dois sistemas, em que o poder é partilhado entre um primeiro-ministro forte e um presidente com funções predominantemente protocolares. Embora atraente a discussão, do ponto de vista doutrinário, é preciso cuidar para que a história não seja reencenada como pantomima.

Intervenção armada é crime inafiançável e imprescritível

Publicado na *Folha de S. Paulo* em 28.8.2021.

Na Roma antiga existia uma lei segundo a qual nenhum general poderia atravessar, acompanhado das respectivas tropas, o Rio Rubicão, que demarcava ao norte a fronteira com a província da Gália, hoje correspondente aos territórios da França, Bélgica, Suíça e de partes da Alemanha e Itália.

Em 49 a.C., o general romano Júlio César, após derrotar uma encarniçada rebelião de tribos gaulesas, chefiadas pelo lendário guerreiro Vercingetórix, ao término de demorada campanha, transpôs o referido curso d'água, à frente das legiões que comandava, pronunciando a célebre frase: "A sorte está lançada".

A ousadia do gesto pegou seus concidadãos de surpresa, permitindo que Júlio César empalmasse o poder político, instaurando uma ditadura. Cerca de cinco anos depois, foi assassinado a punhaladas por adversários políticos, entre os quais seu filho adotivo Marco Júnio Bruto, numa cena imortalizada pelo dramaturgo inglês William Shakespeare.

O episódio revela, com exemplar didatismo, que as distintas civilizações sempre adotaram, com maior ou menor sucesso, regras preventivas para impedir a usurpação do poder legítimo pela força, apontando para as severas consequências às quais se sujeitam os transgressores.

No Brasil, como reação ao regime autoritário instalado no passado ainda próximo, a Constituição de 1988 estabeleceu, no capítulo relativo aos direitos e garantias fundamentais, que "constitui crime inafiançável e imprescritível a ação de grupos armados, civis e militares, contra a ordem constitucional e o Estado Democrático".

O projeto de lei há pouco aprovado pelo Parlamento brasileiro, que revogou a Lei de Segurança Nacional, desdobrou esse crime em vários delitos autônomos, inserindo-os no Código Penal, com destaque para a conduta de subverter as instituições vigentes, "impedindo ou restringindo o exercício dos poderes constitucionais". Outro comportamento delituoso corresponde ao golpe de estado, caracterizado como "tentar depor, por meio de violência ou grave ameaça, o governo legitimamente constituído". Ambos os ilícitos são sancionados com penas severas, agravadas se houver o emprego da violência.

No plano externo, o Tratado de Roma, ao qual o Brasil recentemente aderiu e que criou o Tribunal Penal Internacional, tipificou como crime contra a humanidade, submetido à sua jurisdição, o "ataque, generalizado ou sistemático, contra qualquer população civil", mediante a prática de homicídio, tortura, prisão, desaparecimento forçado ou "outros atos desumanos de caráter semelhante, que causem intencionalmente grande sofrimento, ou afetem gravemente a integridade física ou a saúde física ou mental".

E aqui cumpre registrar que não constitui excludente de culpabilidade a eventual convocação das Forças Armadas e tropas auxiliares, com fundamento no art. 142 da Lei Maior, para a "defesa da lei e da ordem", quando realizada fora das hipóteses legais, cuja configuração, aliás, pode ser apreciada em momento posterior pelos órgãos competentes.

A propósito, o Código Penal Militar estabelece, no art. 38, §2º, que, "se a ordem do superior tem por objeto a prática de ato manifestamente criminoso, ou há excesso nos atos ou na forma da execução, é punível também o inferior". Esse mesmo entendimento foi incorporado ao direito internacional, a partir dos julgamentos realizados pelo Tribunal de Nuremberg, instituído em 1945, para punir criminosos de guerra. Como se vê, pode ser alto o preço a pagar por aqueles que se dispõem a transpassar o Rubicão.

A espada de Dâmocles do *impeachment*

Publicado na *Folha de S. Paulo* em 2.10.2021.

Conta a lenda que o tirano Dionísio I, governante de Siracusa no século 4º a.C., permitiu que Dâmocles, um cortesão bajulador, ocupasse o seu lugar por um dia. Foi homenageado com um lauto banquete, do qual participaram belas mulheres. A certa altura, olhando para o alto, assustado, deu-se conta de que sobre sua cabeça pendia uma afiadíssima espada presa por um fio da cauda de um cavalo.

Essa conhecida alegoria alerta para os constantes perigos que assolam os poderosos, podendo ser aplicada, por uma licença poética, aos riscos representados pelo *impeachment*, ao menos como concebido entre nós, por meio do qual uma maioria parlamentar ocasional pode destituir um presidente da República eleito pelo povo.

Inspirado no direito anglo-saxão, esse instituto mereceu acolhida em todas as nossas Constituições republicanas. É regulamentado pela já antiga Lei nº 1.079/1950, que define os crimes de responsabilidade e disciplina o respectivo processo de julgamento, cujas brechas e imprecisões acabam tornando o chefe de Estado presa fácil da volatilidade dos humores congressuais.

Uma de suas principais fragilidades consiste na faculdade conferida a qualquer cidadão de protocolar uma denúncia na Câmara dos Deputados, acompanhada dos documentos que a comprovem ou da declaração de impossibilidade de apresentá-los, com a indicação do local onde possam ser encontrados.

Não fosse apenas a facilidade em articular uma acusação dessa natureza, o seu arquivamento – seja porque liminarmente indeferida à falta de alguma formalidade, seja porque ulteriormente julgada improcedente pelo Senado Federal – não gera nenhuma consequência para aquele que a subscreve.

Ademais, muitos desses crimes são tipificados de forma excessivamente ampla, dando azo à admissão de acusações genéricas, não raro abusivas, de difícil contestação. É o caso daquele assim descrito: "Infringir, patentemente, e de qualquer modo, dispositivo da lei orçamentária". A vagueza da definição permite que mesmo uma simples irregularidade fiscal sanável seja motivo para um *impeachment*.

Mas possivelmente o defeito mais grave dessa lei consiste em não garantir aos denunciados o direito ao contraditório e à ampla defesa, com a abrangência assegurada pela Constituição de 1988, promulgada posteriormente.

Além disso, embora o referido diploma normativo estabeleça que "recebida a denúncia", ela "será lida no expediente da sessão seguinte e despachada a uma comissão especial eleita [...] para opinar sobre a mesma", o texto não deixou claro se essa tramitação é automática ou se depende de algum ato formal.

Tal lacuna enseja a interpretação segundo a qual cabe ao presidente da Câmara decidir sozinho se autoriza ou não a instauração do procedimento, com o que o destino político do supremo mandatário da nação fica submetido à vontade de uma única autoridade, aliada ou adversária.

Contudo, há os que entendem que se está diante de uma prerrogativa constitucional da cidadania, espécie do gênero "direito de petição aos poderes públicos", cuja eficácia não pode ser arbitrariamente tolhida.

O Professor José Afonso da Silva, a propósito, ensina que não é dado à autoridade a quem é dirigida "escusar-se de se pronunciar sobre a petição, quer para acolhê-la, quer para desacolhê-la, com a devida motivação", aliás, dentro de um prazo minimamente razoável.

Por isso urge atar a metafórica espada do *impeachment* com laços jurídicos mais consistentes, de modo a impedir que continue dependurada em preceitos legais da espessura do pelo de um equídeo.

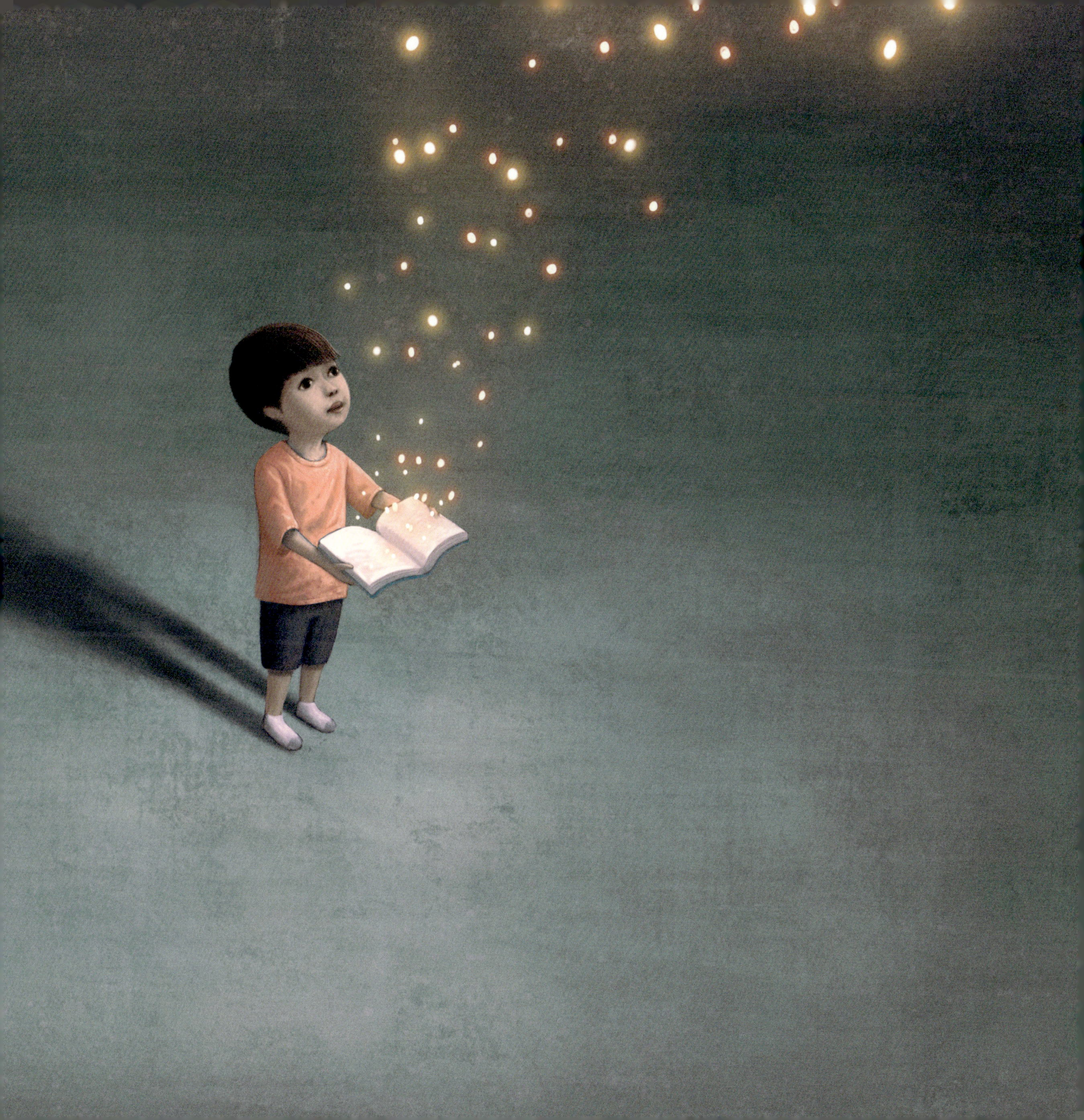

Geopolítica constitucional

Publicado na *Folha de S. Paulo* em 30.12.2021.

A partir do Congresso de Viena (1814-1815), presidido pelo habilidoso estadista austríaco Klemens von Mettenich, no qual foram redesenhadas as fronteiras da Europa, após a derrota de Napoleão Bonaparte, bem como lançadas as bases do direito internacional moderno, firmou-se o entendimento de que as relações diplomáticas entre as nações devem constituir uma política de Estado, e não de governo, dado o seu impacto intergeracional.

Nesse contexto, surgiu uma nova disciplina acadêmica voltada ao estudo do potencial estratégico dos distintos países, tendo em conta os respectivos atributos físicos e demográficos. Um de seus primeiros cultores foi o geógrafo alemão Friedrich Ratzel (1844-1904), que formulou a teoria do *Lebensraum*, segundo a qual a cada povo corresponderia um "espaço vital", indispensável para a satisfação de suas necessidades básicas, mais tarde empregada para justificar a expansão territorial da Alemanha nazista.

Mas foi o cientista político sueco Rudolf Kjellén (1864-1922), seguidor das ideias de Ratzel, quem batizou essa disciplina de geopolítica, com a qual pretendeu estabelecer uma relação entre o poder estatal e suas condicionantes geográficas.

Tal abordagem foi retomada durante a Guerra Fria, deflagrada depois do término da Segunda Guerra Mundial (1939-1945), inspirando o planejamento estratégico das duas potências então dominantes, os Estados Unidos e a União Soviética, que acabou resultando na divisão do mundo em dois blocos antagônicos, permanentemente preparados para um enfrentamento bélico, convencional ou nuclear.

O Brasil, não obstante integrasse o bloco antissoviético, procurou cultivar um pensamento geopolítico próprio, cujos principais expoentes foram os generais Mario Travassos, Golbery do Couto e Silva e Carlos Meira Mattos. A sua sistematização, contudo, somente ocorreu com a criação da Escola Superior de Guerra (1949), responsável pela elaboração de uma doutrina de segurança nacional, supostamente autóctone, mas fortemente atrelada aos interesses estadunidenses, que serviu de respaldo ideológico às ações governamentais durante o regime militar (1964-1985).

O fim da União Soviética, marcado pela queda do Muro de Berlim (1989), e o surgimento de novos atores no plano internacional, inclusive não estatais, deram origem a um mundo multipolar, suscitando outras preocupações estratégicas, além daquelas de cunho estritamente castrense, com destaque para a preservação dos recursos naturais, o combate às emergências sanitárias, a defesa contra catástrofes climáticas, a prevenção de crises econômicas e a proteção do ambiente cibernético.

Os elaboradores da nossa atual Constituição, quiçá antevendo o surgimento desses e de outros desafios igualmente complexos, decidiram perenizar, logo no início de seu texto, os princípios regentes da política externa brasileira, a saber: independência nacional, prevalência dos direitos humanos, autodeterminação dos povos, não intervenção, igualdade entre os Estados, defesa da paz, solução pacífica dos conflitos, repúdio ao racismo e ao terrorismo e concessão de asilo político. Explicitaram, ainda, que ela deverá "buscar a integração econômica, política, social e cultural dos povos da América Latina".

Como se vê, os constituintes não deixaram nenhuma margem para que os chefes de governo, eleitos a cada quatro anos, entretenham idiossincrasias pessoais ou defendam pautas extravagantes na condução das relações exteriores do país, sob pena de incorrerem em flagrante inconstitucionalidade.

Soberania em um mundo digital

Publicado na *Folha de S. Paulo* em 10.3.2022.

Desconhecida na Antiguidade greco-romana e na Idade Média, a concepção jurídica de soberania somente se firmou nos albores da Era Moderna, quando determinados reis e príncipes passaram a concentrar o poder político em suas mãos, antes exercido de forma difusa pelos senhores feudais. Sem embargo, a dominação de um homem ou grupo de homens sobre outros pela força, crença ou tradição sempre existiu.

Ocorre que, a partir das revoluções liberais-burguesas, deflagradas no século 18 contra o absolutismo monárquico, o poder do soberano – leia-se estatal –, apesar de ainda amplo, passou a ser limitado pelo direito. Melhor explicando, no âmbito interno, os Estados, embora possam impor suas leis e determinações coercitivamente dentro dos respectivos territórios, precisam respeitar os direitos e garantias fundamentais. Já no plano externo, não obstante atuem com total independência e desembaraço, devem observar as regras do direito internacional e os princípios universais que o informam.

Nos tempos atuais, com o advento da internet, a ideia de territórios mapeados com minuciosa previsão, inteiramente submetidos às distintas jurisdições estatais, começou a competir com a nova realidade de um espaço virtual, sem fronteiras definidas, no qual as interações humanas, para o bem ou para o mal, ocorrem instantaneamente, com uma frequência cada vez maior, superando distâncias e barreiras geográficas.

Tal fenômeno suscita algumas indagações jurídicas ainda não inteiramente respondidas. Por exemplo: seria possível conferir a esse mundo digital um tratamento análogo aos espaços aéreo e marítimo, sobre os quais os Estados podem legitimamente impor as suas normas, ou estaria ele imune a qualquer disciplina legal, assim como ocorre com o alto-mar, a exosfera e os corpos celestes?

A questão cresce ainda em complexidade quando se constata que esse espaço virtual é dominado por grandes empresas privadas transnacionais, conhecidas como *big techs*, as quais sobrevivem, basicamente, da comercialização de nossos dados pessoais, contínua e massivamente capturados por meio de suas plataformas digitais, em geral disponibilizadas de forma gratuita.

Esses dados, submetidos a uma análise estatística e com o auxílio de algoritmos, permitem prever e – o que é muito preocupante – induzir comportamentos individuais ou coletivos quanto a hábitos de consumo, inclinações afetivas e preferências políticas, colocando em risco, neste último caso, a livre formação e manifestação da vontade dos eleitores.

Para piorar as coisas, sob a superfície aparentemente plácida desse mundo digital, existe uma camada profunda, inacessível aos usuários comuns, conhecida por *dark web* ou *deep web*, onde são gestadas as *fake news* mais insidiosas e toda a sorte de negócios ilícitos, operados mediante criptomoedas, com destaque para o tráfico de armas, drogas e pessoas. É o ambiente onde atuam com desenvoltura grandes organizações criminosas, grupos terroristas e até mesmo agências estatais com propósitos escusos.

O intrincado dilema posto para os Estados democráticos por essa nova realidade, ainda não inteiramente compreendida, consiste em conciliar a sua obrigação constitucional de garantir a plena liberdade de expressão e comunicação com o seu dever institucional de reprimir mensagens – sobretudo aquelas impulsionadas em massa por robôs – que tenham o potencial de colocar em risco a vida, a segurança e, paradoxalmente, o próprio livre arbítrio dos cidadãos.

Considerações sobre a guerra na Ucrânia

Publicado na *Folha de S. Paulo* em 10.5.2022.

O Oficial prussiano Carl von Clausewitz (1780-1831), autor de um dos primeiros tratados sobre a arte bélica, ainda hoje estudado em várias academias militares, definiu a guerra como "um ato de violência destinado a forçar o adversário a submeter-se à nossa vontade", afirmando ser ela simplesmente "a continuação da política por outros meios". Ou seja, esgotados os expedientes suasórios convencionais, os Estados não raro recorrem às armas para atingir seus objetivos, desde que disponham de recursos para tanto.

Essa concepção remonta, quando menos, às ponderações do ensaísta florentino Nicolau Maquiavel (1469-1527), para quem um governante precisa estar "disposto a voltar-se para a direção que os ventos e as variações da sorte o impelirem", não hesitando "entrar para o mal, se a isso estiver obrigado". Cerca de três séculos depois, o escritor germânico August Ludwig von Rochau (1810-1873), trilhando a mesma senda, desenvolveu o conceito de *realpolitik*, sustentando que a política e a diplomacia devem basear-se exclusivamente em cálculos de ordem prática, atentas aos fatores reais do poder, dispensando quaisquer considerações de natureza moral ou ideológica.

Contemporâneo de Clausewitz e Rochau, Otto von Bismarck (1815-1898), presidente do conselho de ministros da Prússia, levou essa concepção às últimas consequências ao promover, com implacável truculência e às custas de inúmeras guerras, a unificação da Alemanha, tornando-se depois o primeiro chanceler do império dela resultante. Em conhecida manifestação dirigida a parlamentares alemães, revelou o seu modo de agir com despudorada crueza, afirmando que "as grandes questões de nosso tempo não serão resolvidas com discursos ou deliberações da maioria, mas com ferro e sangue".

De fato, a crônica da Europa, de Bismarck em diante, foi forjada com esses dois aterradores ingredientes. Depois do cruento embate franco-prussiano (1870-1871), seguiram-se a Primeira (1914-1918) e a Segunda Guerra Mundial (1939-1945), cujas trágicas consequências são sobejamente conhecidas.

As terríveis atrocidades cometidas neste último conflito levaram à criação da Organização das Nações Unidas, em um momento de rara unanimidade entre os poderosos. Consta da respectiva carta de fundação que seus signatários estavam "resolvidos a preservar as gerações vindouras do flagelo da guerra que, por duas vezes, no espaço de nossas vidas, trouxe sofrimentos indizíveis à humanidade", comprometendo-se ainda a "praticar a tolerância e viver em paz, uns com os outros, como bons vizinhos", além de garantir, "pela aceitação de princípios e a instituição de métodos, que a força armada não será usada a não ser no interesse comum".

Depois de viver um período de relativa paz desde a assinatura daquele importante documento – sem embargo dos inúmeros conflitos regionais que continuam sendo travados no mundo –, a humanidade voltou a testemunhar, com um misto de assombro e pesar, a invasão de um país soberano por uma grande potência, seguida da audaciosa ocupação de porções de seu território, ao arrepio do direito internacional, revivendo as selvagerias cometidas num passado ainda recente, sobretudo contra civis desarmados.

Em que pesem as tentativas de justificar a ofensiva, atribuindo-a a provocações de potências adversárias ou a agressões similares por elas cometidas, não se afigura possível aceitar, em pleno século 21, sob pena de grave retrocesso civilizatório, a reedição de uma *realpolitk* que se imaginava definitivamente sepultada pela história.

Sobre lobos, cordeiros e urnas

Publicado na *Folha de S. Paulo* em 23.7.2022.

As fábulas constituem um gênero literário, de cunho popular, disseminado de boca a boca por diferentes povos desde a mais remota antiguidade. Elas têm como personagens animais com características humanas, cujas ações refletem os defeitos e as virtudes das pessoas. Desde a origem, foram empregadas para criticar ricos e poderosos por meio de sátiras e alegorias, culminando, usualmente, com uma frase que encerra uma lição de moral.

Atribui-se a paternidade dessas narrativas ao escritor Esopo, que viveu na Grécia Antiga (620 a.C.-564 a.C.). Sua vasta obra serviu de inspiração, além de outros, ao ensaísta romano Fedro (20 a.C.-ano 50) e ao literato francês La Fontaine (1621-1695), que reescreveram, com traços estilísticos próprios, algumas das historietas do autor grego, entre as quais uma das mais famosas, intitulada *O Lobo e o Cordeiro*, grosso modo abaixo reproduzida.

Em um pequeno córrego, bebia água um lobo faminto, quando se aproximou mais abaixo um cordeiro, que também começou a beber. Com um olhar ameaçador e dentes arreganhados, o lobo grunhiu: "Como você ousa turvar a água onde bebo?".

O cordeiro, humildemente, redarguiu: "Eu estou abaixo da correnteza e, por isso, não poderia sujar a sua água". O lobo, enraivecido, rosnou: "Seja como for, sei que você andou falando mal de mim no ano passado". O cordeiro, tremendo de medo, retrucou: "Não é possível, no ano passado eu ainda não tinha nascido".

O lobo, pego de surpresa, replicou: "Se não foi você, foi seu irmão, o que dá no mesmo". Apavorado, o cordeiro defende-se, mais uma vez, retorquindo: "Eu não tenho irmão, sou filho único". Já salivando, o lobo rezingou: "Então, foi alguém que você conhece, um outro cordeiro, um pastor ou um dos cães que cuidam do rebanho". E, saltando sobre ele, devorou-o. Moral da história: quem pretende usar a força não se sensibiliza com nenhum argumento.

Esta velha fábula remete-nos à inusitada situação vivida atualmente no Brasil, na qual agentes governamentais, secundados por integrantes de estamentos armados – ao que se sabe, minoritários – colocam em dúvida, mediante alegações completamente infundadas, a segurança das urnas eletrônicas, que há cerca de 25 anos captam e computam, sem maiores contestações, os votos dos eleitores brasileiros.

Quem acompanha essa polêmica, no mínimo farsesca, constata estupefato que, a cada refutação ofertada por juristas e técnicos em informática, os detratores de nosso processo eleitoral, respeitado pela maioria dos cidadãos brasileiros e admirado pela comunidade internacional, articulam renovadas cavilações para solapar a credibilidade do pleito que se avizinha, com a ameaça velada de rejeitar o seu resultado, caso os candidatos pelos quais externam despudorada preferência não se sagrem vencedores.

Ocorre que, desta feita, contrariando o epílogo da parábola esopiana, os lobos não levarão a melhor, por mais que elaborem sofismas e exibam as presas, pois os hoje mais de 150 milhões de brasileiros aptos a votar – os quais de cordeiros não têm nada –, escaldados pelos incontáveis retrocessos institucionais que maculam a crônica política nacional, certamente haverão de fazer prevalecer a sua vontade soberana.

A moral dessa nova narrativa talvez possa ser sintetizada na sempre oportuna advertência de Ulysses Guimarães: "Nosso povo cresceu, assumiu o seu destino, juntou-se em multidões, reclamou a restauração democrática, a justiça social e a dignidade do Estado".

Independência ou morte

Publicado na *Folha de S. Paulo* em 7.9.2022.

Contam os historiadores que o príncipe regente do Brasil, Dom Pedro de Alcântara, deslocando-se de cavalo do Rio de Janeiro para São Paulo, acompanhado de sua comitiva, recebeu na entrada desta cidade, às margens do córrego Ipiranga, algumas mensagens vindas de além-mar, encaminhadas por sua esposa, a Princesa Maria Leopoldina, dando conta de que as Cortes portuguesas exigiam o cerceamento das modestas franquias desfrutadas pelos brasileiros e o seu imediato retorno para Lisboa.

Inconformado, sem apear da montaria, o impetuoso filho do rei de Portugal, Dom João VI, desembainhou a espada, juntamente com seus companheiros de viagem, e proferiu o brado que reverbera até os dias de hoje: "Independência ou morte". Era o dia 7.9.1822.

Esse gesto, imortalizado num conhecido quadro pintado por Pedro Américo, desperta, porém, uma interessante questão: foi o Brasil – como se costuma dizer – que ficou independente? Em outras palavras, foi o Estado que se livrou do jugo metropolitano? A resposta é claramente negativa, pois este último somente nasceu oficialmente com a fundação do Império por obra da Constituição promulgada em 25.3.1824.

Assim, não foi o Estado que se emancipou em 1822, mas, sim, a nação brasileira, ainda em formação, é verdade, integrada por portugueses e seus descendentes, negros, mulatos, curibocas e caboclos, em cujo nome o príncipe declarou a independência, embora sem o dizer explicitamente. Somavam à época cerca de três milhões de pessoas que, nas palavras de Darcy Ribeiro, resultando de "matrizes raciais díspares, tradições culturais distintas, formações sociais defasadas se enfrentam e se fundem para dar lugar a um povo novo, num novo modelo de estruturação societária".

Foram precisamente os filhos e as filhas desse povo que empunharam armas e derramaram seu sangue para derrotar as tropas portuguesas aquarteladas em solo brasileiro, revelando heróis e heroínas de extração popular, aos quais se deve a consolidação da independência, a exemplo de João Francisco de Oliveira, o "João das Botas", e de Maria Quitéria, primeira mulher a assentar praça numa unidade militar.

Com inspiração nessas lutas e nos ideais libertários então em voga no mundo, a primeira Constituição imperial assegurou aos cidadãos brasileiros "a inviolabilidade dos direitos civis e políticos", generosamente enumerados nos incisos do art. 179. Não obstante, Dom Pedro, deslembrado do juramento que fez de fielmente cumprir o que nela se continha, teve de abdicar do trono, aos 7.4.1831, em favor de seu filho, ainda menor de idade, pressionado pelo próprio povo que, num passado ainda recente, em 12.10.1822, o havia aclamado, em praça pública, imperador e defensor perpétuo do Brasil.

Dessa saga memorável decorre que a ninguém é lícito apropriar-se da data de nossa independência com fins político-partidários, e muito menos com o propósito de dividir os brasileiros, definitivamente vocacionados para a fraternidade, porquanto ela pertence ao povo, e não aos governantes eleitos para representá-lo temporariamente, aos quais cabe, tão somente, rememorá-la a cada ano, de forma condigna e respeitosa, para celebrar o triunfo da liberdade sobre a servidão e o despotismo.

Esta obra foi composta em fonte Roboto Condensed, corpo 13
e impressa em papel couché fosco 90g (miolo) e Supremo 300g (capa)
em Belo Horizonte/MG.